주식 네 이놈

주의!

이 책에서 다루는 모든 예시는 내가 추천한 후에 급등한 종목들이다. 지나간 차트로 설명하는 게 아니다. 직접 분석하고 실제 수익을 낸 종목이라는 말이다. 확인이 필요하다면 네이버 카페 <주식 네 이놈>에 남겨진 포스팅들을 보면 된다. 그 포스팅에 추천 근거가 세세히 적혀 있다.

주식 네 이놈 Ⅰ (기초편)

초판 1쇄 발행 2021년 1월 21일

지은이 문제룡
발행인 박옥분
편 집 권병두
디자인 롬디
마케팅 서선교
도서주문 북스북스 (전화 : 031-942-0420)
　　　　　　　　　　(팩스 : 031-942-0421)

발행처 도서출판 지서연
출판등록 제307-2015-30호
주 소 (02709) 서울시 성북구 솔샘로6길 36-6 (정릉동) 202호
이메일 sunkyo21@naver.com

값 20,000원
ISBN 979-11-957385-8-8 13320
Copyright ⓒ 문제룡 2021

* 이 책은 저작권법에 따라 보호받는 저작물이므로 무단전재와 무단복제를 금지하며, 이 책의 내용을 전부 또는 일부를 이용하시려면 반드시 저작권자와 〈도서출판 지서연〉의 서면 동의를 받아야 합니다.
* 잘못된 책은 구입하신 곳에서 바꾸어 드립니다.

주식 투자, 첫 습관이 좌우한다

주식 네 이놈

I
기초 편

문제룡 지음

지서연

> **머리말**

미미르의 실전 기법 대공개

오랫동안 네이버 주식 카페 〈주식 네 이놈〉을 운영하면서 주식에 대한 기초 지식도 없이 큰돈으로 매매하는 분들을 많이 봤다. 절박하게 도움을 요청하는 분들의 투자 내역을 보면 어떻게 저런 종목에, 더구나 급등하고 있는 장대 양봉 꼭지에 거금을 선뜻 쏟아 부을 용기가 났는지 경악하는 경우가 대부분이다. 확신은 잠깐이요, 몇 시간 아니 단 몇 분 뒤부터 얼굴이 파랗게 질려 있는 그 분들을 생각하면 '세력 참 먹고 살기 쉽다.'는 생각마저 들었다.

전작 〈주식 네 이놈〉(책미래)은 내가 개발한 기법들과 경험을 기술한 책인데, 주식 문외한도 바로 실전 매매에 임하여 수익을 낼 수 있도록 썼다. 출판 쪽에서는 이름도 없는 작가의 책인데도 불구하고 입소문만으로 2쇄 넘게 팔렸다. 독자 반응도 좋아서 5~10부씩 사서 보관하거나 나중에 자식에게 물려주겠다는 분들도 꽤 봤다. 절판 후에도 찾는 분들이 많았고, 중고나라에서 웃돈 주고 거래되고 있다고 카페 회원에게 들었다. 처음 출간할 때를 생각하면 금석지감이 아닐 수 없다.

그런데 책에 대한 반응이 너무 똑같았다. 초보, 중수, 고수 가릴 것 없이 책이 너무 어렵단다. 꽤 실력이 좋은 사람도 7~10일째 책을 열공하고 있다는 게시글이 올라왔을 때는 당혹스럽기까지 했다. 최소 3독, 5독을 해야 하며 읽을 때마다 내용이 새롭게 보인다는 반응이 대단히 많았다. 10독을 했다는 분들도 여럿 있었다. 그런데 특이한 점이 있었다. 중수, 고수뿐 아니라 초보라도 수차례 읽고 나면 계좌가 수익으로 바뀐다는 감사 글이 상당히 많이 올라왔다는 사실이다. 내용을 이해하는 게 어렵지 한번 이해하고 나면 초보, 중수, 고수 가리지 않고 수익을 낸다는 얘기였다. 초보자 중에도 고마움을 표하는 분들이 많은 걸 보면, 누구나 이해하려 들면 충분히 이해할 수 있고, 얼마든지 실전에 적용할 수 있는 책을 쓴 건 맞는 것 같다. 한

편으로 전작 〈주식 네 이놈〉이나 동명의 네이버 카페가 널리 알려지는 게 싫다는 댓글도 무척 많았다. 〈주식 네 이놈〉을 읽고 매매 방식을 바꾼 뒤로 손실 보지 않는 매매, 수익 나는 매매를 하고 있다는 감사 글들이 올라올 때마다 보람을 느낀다.

원래는 기초 편과 중급 편을 새로 쓰려고 했다. 어떤 내용을 쓰면 좋을지 회원들에게 물었더니 돌아온 답변이 나를 당혹스럽게 만들었다. 신용 미수를 올바르게 사용하는 방법에 대한 질문은 쇼크였다. 고수도 쓰면 안 되는 신용 미수를 당연시하다니.

초보자를 위한 기본서라면 응당 책을 읽은 후 좋은 종목과 나쁜 종목을 가릴 수 있는 능력을 길러주어야 한다. 또한 매수 후에도 안정세를 유지하며 오를 수 있는 종목과, 상장폐지의 위험이 있는 종목을 구분할 수 있는 정도의 안목이 생겨야 한다. 편안한 마음으로 안전한 매매를 할 수 있는 최소한의 기본기를 갖추도록 돕는 책이 진짜 기본서라고 생각했다.

종목 선택의 기본기를 다지며 적절한 매수 타이밍을 잡는 방법을 가르쳐주는 책이 내가 쓰려는 초보자용 기본서인데, 생각해 보면 이는 소위 중고수에게도 필요할 것 같아서 주식 경력을 가리지 않고 모두에게 도움 되는 책을 쓰기로 결심했다. 10년 넘게 주식을 해왔고, 나름 수익을 내는 분들도 차트에 대한 지식이 바닥인 경우를 많이 봤기 때문이다.

이 책은 여느 주식 책이나 인터넷에서 쉽게 검색되는 뻔한 내용들, 실전 매매에 별 도움이 안 되는 내용들은 되도록 피했다. 쓸데없이 암기해야 하는 내용을 줄줄이 늘어놓는 건 내 스타일이 아니다. 외우지 않아도 읽고 나면 저절로 이해가 되고, 실전에 바로 적용할 수 있는 내용으로 채우려 노력했고, 군더더기 없이 꼭 필요한 정보만 담으려 노력했다.

이 책 〈주식 네 이놈 : 기초 편〉에는 시리즈가 있다. 〈주식 네 이놈 : 기법 편〉인데 전작에서 소개하지 않았던 기법을 몇 가지 추가해서 명실 공히 주식 매매의 바이블이 되고자 노력했다. 전작에 없던 '상한가 직전 종목 찾는 방법' 등을 비롯해 몇 가지 새로운 핵심 기법을 넣는 대신 이 책에는 어울리지 않는 몇 가지 기법은 생략했다. 5년 가까이 주식 카페 〈주식 네 이놈〉을 운영하며 주식인들이 어떤 약점을 가지고 있는지 많이 알게 되었는데 이를 보완하는 방법도 최대한 많이 수록했다.

그러나 기법 못지않게 나쁜 습관을 끊어내는 것도 트레이딩에서는 매우 중요한 일이다. 특히 초보 시절에 잘못 잡힌 습관은 두고두고 주식을 저주하게 만드는 지름길이다. 습관이 잘못 잡힌 사람들이 자주 저지르는 실수가 뇌동매매다. 충동적으로 급등주를 따라가고, 충동적으로 매수 주문을 넣는다. 이 충동적 반응을 최소화하고 차갑게 차트를 바라보려면 기초가 다져져야 한다. 이 책은 주식 초보자들에게 주식을 대하는 기본적인 습관부터 이야기한다. 차트를 볼 때 어떤 시각으로 봐야 하는지, 어디에서 사서 어디에서 팔아야 하는지 각인이 될 만큼 되풀이해서 설명하고 있다. 모두 뇌동매매를 줄이고, 차갑게 주식에 임하도록 하기 위해서다. 기초가 단단한 중에 〈기법 편〉을 읽으면 더 깊이 있는 이해가 가능하리라고 생각한다.

이 책을 내기까지 많은 분들이 힘이 되었다. 특히 절친한 후배 하종훈이 없었다면 책을 쓸 엄두도 못 냈을 것 같다. 이 자리를 빌려 늦게나마 감사 인사를 보낸다. 그리고 오랜 세월 동고동락하며 많이 지도해주시고 힘이 되어주신 워수원 선생님께도 감사 인사를 보낸다. 그 밖에도 굳이 인사말을 전하지 않아도 내 마음을 알고 있을 권병일 선배, 강지윤 등등 여러 고마운 분들에게 고개 숙여 깊이 감사드린다.

   주식을 하는 사람들이라면 절대 피할 수 없는 함정들이 있다. 이 책을 통해 주식 지옥을 먼저 경험하고 피할 수 있기를 희망한다. 필자의 매매법과 분석법 중 딱 하나만이라도 자기 것으로 만들어서 남에게 의지하지 않고 스스로 무림세계를 헤쳐 갈 수 있기 바란다. 주식판에 천사는 없다는 걸 깨닫고 스스로 무림 절정 고수로 거듭나기를 희망한다. 산전수전 다 겪어본 필자가 야전 참모가 되어 독자들의 분투를 격려한다. 부디 불필요한 수업료 내지 않고 무림 고수로 거듭나기를 기원한다.

2021. 1

야전군 참모 미미르

목차

머리말 | 미미르의 실전 기법 대공개 ··· 4

1장 주식 네 이놈!
- 뼈에 새겨야 할 3가지 습관

첫 번째 습관 :
차트만 보지 말고, 차트 뒤에 숨은 세력을 찾는다

1 누가 차트를 그리는가? ··· 15
2 싼 가격에 주식을 모아가고 있는가? ··· 21
3 차트에 드러난 세력의 움직임 ··· 24

두 번째 습관 : 돌파가 나오면 판다

1 고점 돌파는 살 때일까, 팔 때일까? ··· 32
2 돌파를 만드는 장대 양봉의 의미 ··· 37

세 번째 습관 : 쫓아가지 말고 기다려서 산다

1 왜 내가 팔면 날아갈까? ··· 46
2 매수 시점 잡기 ··· 48
3 신호를 기다렸다가 매수하기 ··· 52

잠깐! 왜 세력인가? ··· 57

1. 왜 매집 종목을 공략해야 할까? ··· 57
2. 세력이 없으면 주가가 진짜 안 오를까? ··· 63

2장 세력 네 이놈!
– 세력을 이해하기 위한 4가지 포인트

첫 번째 포인트 : 개미들의 물량을 어떻게 빼앗지?

1. 세력도 시간에 쫓긴다 ··· 75
2. 물량을 빼앗는 3가지 방법 ❶ 회유 ··· 81
3. 물량을 빼앗는 3가지 방법 ❷ 협박 ··· 85
4. 물량을 빼앗는 3가지 방법 ❸ 방치 ··· 88

두 번째 포인트 : 세력의 치밀한 실행 능력

1. 일봉 기초 공부 ··· 96
2. 1원도 틀리지 않고 가격이 똑같다? ··· 99

세 번째 포인트 : 세력의 유혹

1. 위험한 양봉이 있다 ··· 109
2. 어떤 양봉일 때 피해야 할까? ··· 112
3. 위험한 상한가 매매 ··· 123

네 번째 포인트 : 세력의 위협

1. 음봉을 누가 좋아하랴? ··· 135
2. 개미를 협박하기 위한 가짜 하락 ··· 140

3장 매매 네 이놈!
- 왕초보 매수를 위한 2가지 방법

첫 번째 매매법 : 장도지양

1 종목 [진양폴리], 어디에서 살까? ··· 147
2 바닥 신호의 등장 ··· 152
3 장도지양의 사례 ··· 161
4 이건 장도지양이 아니다 ··· 164

두 번째 매매법 : 꽈배기 정배열 매매법

1 기초가 없어도 비교적 안전한 자리에서 매수하는 방법 ··· 170
2 매수 매도 타이밍 잡기 ··· 174
3 꽈배기 정배열 기법으로 [신풍제약] 공략하기 ··· 179

잠깐! 안 사고는 못 배기는 사람을 위한 매매 제안 ··· 194

4장 주식을 시작하는 당신에게 드리는 3가지 조언

첫 번째 조언 : 종목 선정부터 매도까지

1 종목, 어떻게 선정할까? ⋯ 209
2 몇 년 전 차트까지 봐야 하는가? ⋯ 211
3 매수 이후의 시나리오를 생각한다 ⋯ 214
4 분할 매수하는 방법 ⋯ 218
5 미수나 신용으로 매수하지 마라 ⋯ 220
6 매도 타이밍 정리 ⋯ 223
7 크게 물렸던 주식이 내가 매수했던 가격까지 반등하면 다 판다 ⋯ 227

두 번째 조언 : 주식 공부 가이드

1 주식 박사가 되려고 하지 말자 ⋯ 230
2 공짜 주식 정보를 믿고 매수하지 마라 ⋯ 232
3 보조지표를 이용한 매매는 위험하다 ⋯ 234

세 번째 조언 : 유상증자, 무상증자 대응법

1 감자 말고 증자는 또 뭐야? ⋯ 238
2 무상증자는 또 뭐야? ⋯ 242
3 더 복잡한 용어, 전환사채와 신주인수권부전환사채 ⋯ 245

마지막 선물 : 급등주 단타 매매법 ⋯ 251

주식 네 이놈!

1장

| 뼈에 새겨야 할 3가지 습관 |

첫 번째 습관

차트만 보지 말고,
차트 뒤에
숨은 세력을 찾는다

1
누가 차트를 그리는가?

잘 알려진 주식 격언이 있다.

"시가와 종가는 세력이 만든다."

시가란 시작 가격을 말한다. 아침 9시 장이 시작할 때 그날 첫 거래가 이루어지는 가격이다. 종가란 마지막 가격이다. 오후 3시 30분 장이 마감할 때 그날 마지막 거래가 이루어지는 가격이다. 그런데 격언에 따르면 이걸 만드는 사람이 있고, 그들을 '세력'이라고 부른단다. '세력'의 정체는 우리의 관심사가 아니다. 다만 그들이 '뭔가'를 한다는 게 더 중요하다. 뭘 할까? '격언'에 따르면 그들은, 시가와 종가를 만든다.

이 말은 달리 말하면 '일봉'을 그린다는 얘기다. 일봉이란 당일 주가의 변동을 표현해 놓은 막대기다. 예컨대 1,520원에 시작해서(시가) 신나게 1,600원까지 올랐다가(고가) 날벼락 맞은 듯 1,430원까지 뚝 떨어졌다가(저가) 장 막판에 꾸물꾸물 기어올라 최종 가격이 1,550원으로 끝났다면(종가) 아래 그림과 같은 일봉이 된다.

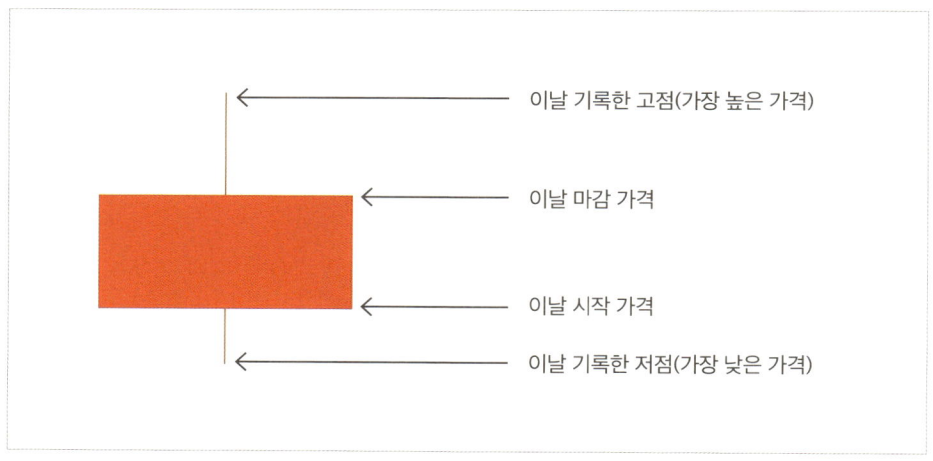

이게 차트를 구성하는 '봉'이다. 시간을 하루 단위로 잡으면 '일'봉이 되고, 분 단위로 잡으면 '분'봉이 된다. 이 책에서는 기본적으로 일봉을 기준으로 거의 모든 걸 설명한다.

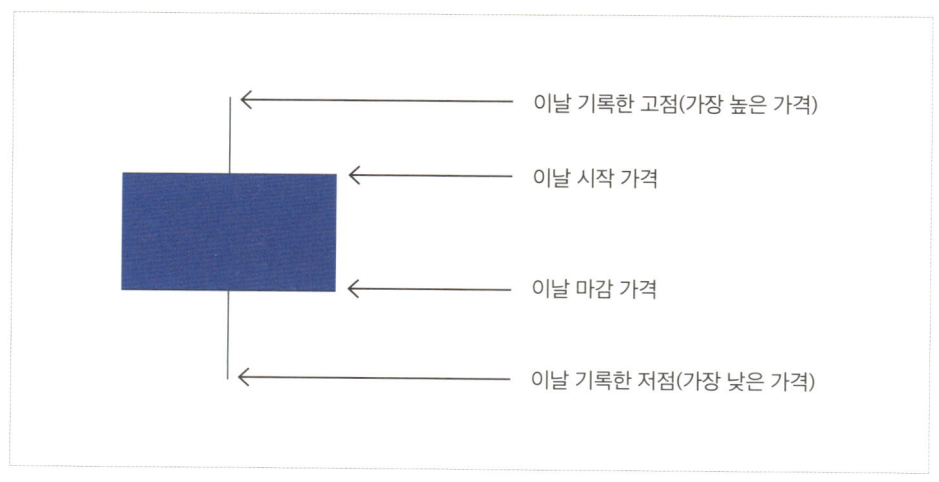

이것도 일봉이다. 빨간색이 '양봉'이면 이건 '음봉'이다. 양봉과 음봉은 시작 가격과 마감 가격의 위치가 반대다. 빨간색은 가격이 올랐기 때문에 시작 가격이 아래, 마감 가격이 위에 있다. 반면 음봉은 가격이 내렸기 때문에 시작 가격이 위에 마감 가격이 아래다.

다시 이런 일봉이 모이면 아래처럼 '일봉 차트'가 된다. 무슨 말인가? 일봉을 만든다는 말은 차트를 그린다는 얘기다(시가와 종가를 만든다 = 일봉을 만든다 = 차트를 그린다). 누가? 세력이다.

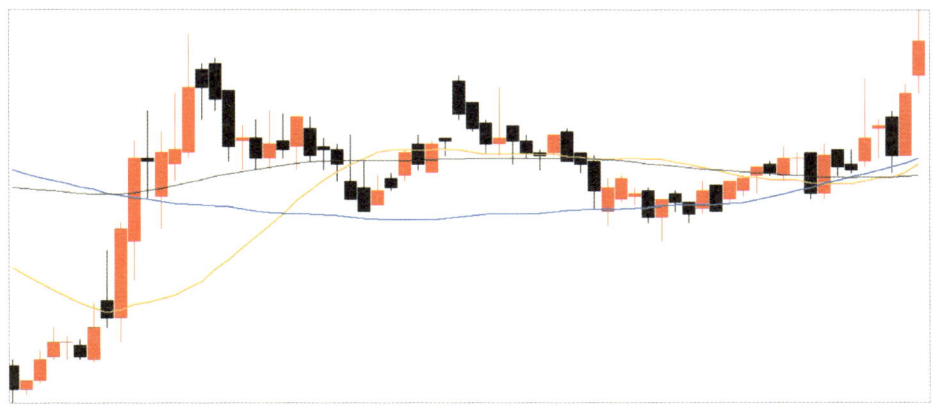

일봉 차트다. 차트를 만들어가는 누군가가 있다는 생각으로 차트를 바라보는 게 중요하다.

뭔가 속는 기분이다. 판을 벌이는 누군가가 있고, 나는 이게 함정인지 아닌지 모른 채 제 발로 기어들어가서 그들의 계획 아래 놀아난다는 말인가? 엄밀히 말하면 대개의 개미들이 그렇다. 만일 그게 싫다면? 다른 누구보다 막대한 자금을 동원하여 가격을 내 마음대로 조정하면 된다. 그렇다면 이제 당신이 세력이다. 당신은 다른 개미들이 보유한 주식을 빼앗고 싶어서 현재 2,700원 주가를 2,500원까지 무지막지하게 떨어뜨린다. 개미들이 공포에 떠는 모습이 눈에 선하다. 이제 당신은, 당신이 그토록 욕을 하던 세력이 된 것이다.

세력이란 사실 우리와 다를 바 없는 사람이다. 그들도 싸게 사서 비싸게 팔고 싶어 한다. 단지 우리 개인보다 자금 규모가 크고, 계획을 갖고 있으며, 그 계획을 목표에 맞게 실행할 수 있는 실력이 있는 사람들이다.

그 실력이란 건 다른 게 아니다. 개미 심리를 잘 안다는 말이다. 본인들도 개미였던 시절이 있었고, 개미들이 언제 사는지, 언제 파는지 누구보다 잘 안다. 세력은 양치기 개가 된다. 낭떠러지 끝까지 개미를 몰며 공포에 떨게 만든다. 탐스런 열매를 줄듯 말듯 애를 태우며 개미들의 인내심을 시험하기도 한다. 너무 무섭고, 너무 지루했던 개미들이 '나 안 해!' 하고 주식을 팔고 나가도록 만드는 게 세력의 의도다. 그렇게 개미들의 물량을 충분히 빼앗은 뒤 어느 날 갑자기 빠르고 높게 주가를 상승시킨다. '여기 대박 났어요!' 동네방네 소문을 내며 눈 먼 개미들을 끌어들인 뒤 자신들의 물량을 떠넘기고 수익을 챙긴 채 유유히 떠난다.

여기까지 읽으면 고개가 갸웃한다. 작전세력이 기승을 부리는 이런 판에 뛰어드는 게 옳은 판단인지 의심스럽다. 실력 있고, 돈 있는 놈들이 종횡무진 활약하는 곳에 무슨 들러리 서겠다고 돈 보따리 들고 참전해야 하나?

그런데 추가적으로 알아야 할 게 있다. 세력이 없다면 우리가 그토록 잡기를 바라는 급등도, 상한가도 나오기 힘들다는 사실이다. 또 하나의 격언이다.

"세력이 없는 종목은 죽은 종목이다."

세력 없는 청정구역에 가서 평온하게 거래를 하고 싶다면 그렇게 하라. 그러나 급등의 열매는 절대 먹을 수 없을 것이다(참고로, 세력이 없는 종목을 찾는 것도 재주다.).

그렇다면 어떻게 해야 할까? 만일 세력의 의도를 알아차리고 몰래 묻어갈 수 있다면? 그렇다면 급락의 위협과 지연작전의 지루함을 다 견뎌내고 '급등'이라는 열매를 따먹을 수 있지 않을까?

열매를 수확하기 위해서는 급등을 만드는 존재, 즉 세력이 있음을 인정해야 한다. 세력을 인정하지 않고는 차트를 분석할 수 없다. 나는 모든 차트에 세력이 존재한다고 본다. 심지어는 나스닥 같은 거대 지수 선물에도 세력이 있다고 믿는다. 그리고 그 전제 아래 분석을 시작한다. 미미르 매매법도 그런 생각에서 탄생한 것이고, 이는 수익률로 증명된다고 믿는다.

> **Tip**
>
> "시가와 종가는 세력이 만든다." 이 격언에 이어지는 문장이 있다. 고점과 저점, 즉 그날 최고 가격과 최저 가격은 개미가 만든다는 내용이다. 무슨 말인가? 최고 가격에 사는 개미가 있다는 말이요, 최저 가격에 파는 개미가 있다는 말이다. 최고 가격에 샀다는 말은 물려 있다는 얘기고, 최저 가격에 팔았다는 말은 손실이 가장 크다는 말이다. 최고 가격에 사서 최저 가격에 파는 일, 없을 것 같지만 분명 한 번씩은 경험한다. 이제 그런 짓은 그만하자.

> **Tip**
>
> 일봉은 만들어진다. 실시간으로 만들어진다. 이 말은 오전에는 음봉이었던 것이 오후에는 양봉으로 변할 수 있다는 말이고, 반대로 오전에는 양봉이었던 것이 오후에는 음봉으로 바뀔 수 있다는 말이다. 최종 모습은 똑같더라도 만들어지는 과정도 종목마다 다 다르다. 아래 최종 일봉이 만들어지는 과정을 보라.

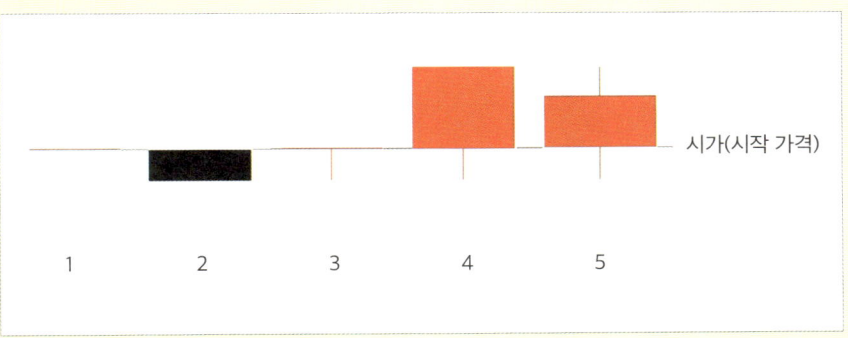

[1] 09시 : 시작 가격

[2] 10시 : 하락을 시작하여 당일 최저점에 이른 모습

[3] 13시 : 반등을 하여 시가를 회복한 모습

[4] 14시 : 반등 후 당일 최고가를 찍는 모습

[5] 15시 30분 : 최고가를 지키지 못하고 일부 하락했으나 시가보다 높은 가격에서 최종 마감한 모습

이 예시는 먼저 하락했다가 나중에 상승하여 시가보다 높은 가격에서 장이 마감된 모습이다. 이와 반대로 먼저 올랐다가 중간에 내리고, 다시 막판에 올라서 최종 5번 봉이 될 수도 있다. 또한 등락이 한 번이 아니라 수차례에 걸쳐 나올 수도 있다. 나아가 극단적으로, 시작 가격을 찍자마자 종일 최저가에 머물다가 장 막판에 급격히 상승하여 당일 최고가에서 마감할 듯하다가 3시 20분에서 30분 사이 동시호가에서 가격을 내리며 최종 5번 봉을 만들 수도 있다. 어떤 과정을 거쳐서 이런 형태의 일봉을 그리는지는 종목마다 다르다. 무슨 말이 하고 싶은 걸까? 흔히 주식은 살아 있는 생물 같다고 한다. 생물은 순간순간 모습을 바꾼다. 그것도 실시간으로. 주식도 마찬가지다. 지금 보고 있는 일봉이 5번 양봉처럼 생겼어도 언제든 2번 음봉으로 변할 수 있다는 생각으로 차트를 바라보아야 한다. 당신은 지금 소용돌이치는 폭풍의 한복판에 서 있다.

2
싼 가격에 주식을 모아가고 있는가?

세력을 찾는 이유가 있다. 매집 때문이다.

'매집'이란 '사서 모은다'는 뜻이다. 주식을 사서 모으는 걸 '매집'이라고 부른다. 보통 개미들의 주식 모으기를 매집이라고 부르진 않는다. 그 주체가 세력일 때, 즉 주가에 영향을 끼칠 만큼의 주식을 모을 때 '매집'이라고 부른다.

매집은 아무 가격대에서나 사서 모으는 건 아니다. 정확히 이야기하면 '싼 가격에' 사서 모은다. 싼 가격이란 상대적 개념이다. 어떤 종목에서는 1천 원이 비싼 것일 수도 있고, 어떤 종목에서는 20만 원이 싼 것일 수도 있다.

세력은 매집 계획을 세운다. 매집 기간은 짧으면 수개월, 길면 수년에 걸쳐 이루어진다. 하루 이틀 사이에는 원하는 가격에, 원하는 만큼의 물량을 모을 수 없다. 예를 들어 100억 원어치 주식을 모으는 게 목표라고 하면 이걸 수개월간 나누어서 꾸준히 매입한다(그 사이 한 주도 안 파는 게 아니고, 사고팔면서 꾸준히 모아간다.).

싸게 사는 건 비싸게 팔기 위해서고, 은밀하게 사는 건 개미들이 같이 사지 못하도록 막기 위해서다. 싸고 은밀하게 사는 게 목표이므로 가격을 쉽게 높이지 않는다. 그래서 매일 조금씩 사들인다. 너무 안 판다 싶으면 한 번씩 주가를 올리거나 내리기도 한다. 그럼 희한하게도 파는 사람들이 생긴다. 그렇게 매일매일 야금야금 모아간다. 거래량도 별로 없고, 등락폭도 별로 없기 때문에 관심을 주는 개미도 별로 없다. '혹시 이거 매집 아닐까?' 의심스런 눈으로 들여다보는 사람이 있을 법하지만 세력이 스스로 모습을 드러내기 전까지는 99.999%의 사람이 모른다.

주식에서 '매집'은 중요한 개념이다. 매집을 찾았다는 말은, 머지않은 때에 상승이 나온다는 얘기이기 때문이다. 따라서 이 책에서 '세력을 찾아야 한다'고 말하면 그것은 곧 '매집의 흔적'을 발견해야 한다는 말과 같다.

> **Tip**
>
> 1. 모든 매집이 똑같은 매집은 아니다. 매집이 좋은 게 있고, 별로인 게 있다. 매집이 좋다는 말은, 주로 기간과 연결이 된다. 매집을 했던 기간이 길면 그만큼 상승도 클 것으로 기대한다. 즉 장기간 매집을 한다는 말은 세력의 자금력이 그만큼 크다는 뜻으로 읽힌다. 따라서 이런 도식이 성립한다. "매집이 좋다 = 매집 기간이 길다 = 주도 세력의 힘이 세다 = 큰 상승이 기대된다"
>
> 2. 세력이란 우리와 똑같은 사람이라고 말했는데 그건 '돈을 벌고 싶다, 싸게 사서 비싸게 팔고 싶다'는 바람이 같다는 말이고, 실제로는 다른 게 너무 많다. 세력은 우리보다 돈만 많은 게 아니라 우리가 상상도 할 수 없는 정보력을 가지고 있으며, 심지어 정보를 역으로 이용한다.
>
> 3. 그들의 정보력을 짐작할 수 있는 경우가 있다. 회사의 존폐를 의심케 하는 초대형 악재가 터진다. 주식을 보유 중이던 사람들이 마구 시장가에 던지며 매도 대열에 합류한다. 주가가 수직 급락한다. 떨어지는 칼날을 누가 잡으랴. 개미들은 그저 관망세다. 그런데 얼마 지나지 않아 반전 대상승이 나온다. 이게 뭘까? 급락 중이던 종목이 상승으로 전환했다는 말은 누군가 떨어지는 칼날을 두 손으로 꽉 움켜쥐었다는 얘기다. 하락하는 주가를 대규모로 받아주는 사람이 있다는 얘기다(특정 가격에서 기다려서 매수하는 게 아니다. 하락을 유도하면서 하락을 진행시키면서 중간 중간 주워 담는다.). 이게 말이 되는가? 회사가 문을 닫네 마네 하는 절체절명의 순간에 주식을 사는 사람이 있다는 말은, 누군가 시중에 알려진

정보와 정반대의 정보를 갖고 있다는 뜻으로 읽힌다. 생각해 보라. 시중에 알려진 악재가 현실이 된다면 그 엄청난 매집이 다 휴지조각이 된다. 악재가 거짓이라는 확신이 없다면 어떻게 그런 엄청난 자금을 쏟아 부으며 주식을 모아가겠는가? 그들은 분명 우리와 다른 정보력을 동원하고 있는 것이다!

4. 서프라이즈! 매집을 마친 세력들이 자신의 정체를 드러내는 순간이 있다. 서프라이즈 순간 역시 극적으로 나타난다. 매집을 발견하는 게 쉬운 일은 아니지만 설령 매집을 발견하더라도 대개는 시간을 질질 끈다. 가격은 장시간 정체 구간에서 벗어나지 못한다. 심지어는 폭락할 것처럼 하락세를 이어가기도 한다. 그러다 갑작스런 대형호재의 발표와 함께 수직 급등을 시킨다. 세력의 커밍아웃이다. 실제로 내가 고른 종목들 중 상당수가 급등이 시작된 뒤 테마나 호재 등의 뉴스가 뜨곤 한다(급등이 먼저, 뉴스가 나중이다. 여러 의미에서 이 순서가 중요하다.). 무슨 말인가? 그들이 정보의 생산자이자 정보를 활용하고 있는 주도 세력이라는 말이다(세력은 팔려고 준비를 마친 뒤 뉴스를 터뜨린다. 이 말은 뉴스 등 정보는 선행정보가 될 수 없다는 뜻이다. 절대 뉴스 보고 종목을 고르지 말자. 좋은 뉴스가 뜬 뒤 하락하는 종목이 얼마나 많은지 알면 놀랄지도 모르겠다. 고급스럽게 포장되었다고 찌라시가 아니라고 생각한다면 너무 순진한 것이다.).

5. 이처럼 세력이 우리와 다른 점을 염두에 두고 매집을 찾는 게 중요하다. 우리 입장에서 '세력도 이럴 것이다'라고 생각하는 건 너무 위험하다. 물론 힘들고 불리한 입장이기는 하지만 가능하면 세력 입장에서 생각하는 습관을 갖는다.

3
차트에 드러난 세력의 움직임

도대체 세력의 매집은 어떻게 이루어지고, 세력은 언제 어떤 방법으로 이 작전을 마무리하는 걸까? 차트에 답이 있다. 소개한다. 2018년 당시 그 누구도 거들떠 보지 않던 소외주 [CNH]다.

발견 당시 [CNH]는 하루 거래량이 1~2만 주에 불과했다. 하루 거래량 1~2만 주란 어떤 수준일까? 체감을 위해서 대한민국 대장주 [삼성전자]의 수년 동안의 1일 최저 거래량을 소개하면 440만 주였다. 당장 '당일 거래량 상위 종목'을 찾아봐도 수천만 주씩 터지는 종목들이 수두룩하다. 1일 거래량 1~2만 주란 고층빌딩 들어선 도심 한복판에 지붕 낮은 열 평짜리 가건물 한 채가 숨어 있는 꼴이다. 뉴욕에도 분명 그런 집 같지 않은 집이 있을 텐데 관광객들의 시선이 그리 가던가? 하루 등락폭도 잘해야 2~5% 수준이다. 이처럼 거래량도 없고, 등락폭도 좁은 주식을 '죽은 주식'이라고 부른다. 물론 진짜 죽은 게 아니고 죽은 척하는 종목들이 있다. 그 차이를 발견하는 게 핵심이다. 매집은 의외로 이런 종목에서 자주 발견된다.

[차트 1] 발견 당시 차트에 기록한 내용들. 메모도 있고, 숫자와 노란 박스도 있다. 아직은 어떤 의미인지 몰라도 괜찮다. 다만, 이런 형태의 차트는 눈에 익혀 두기를 바란다.

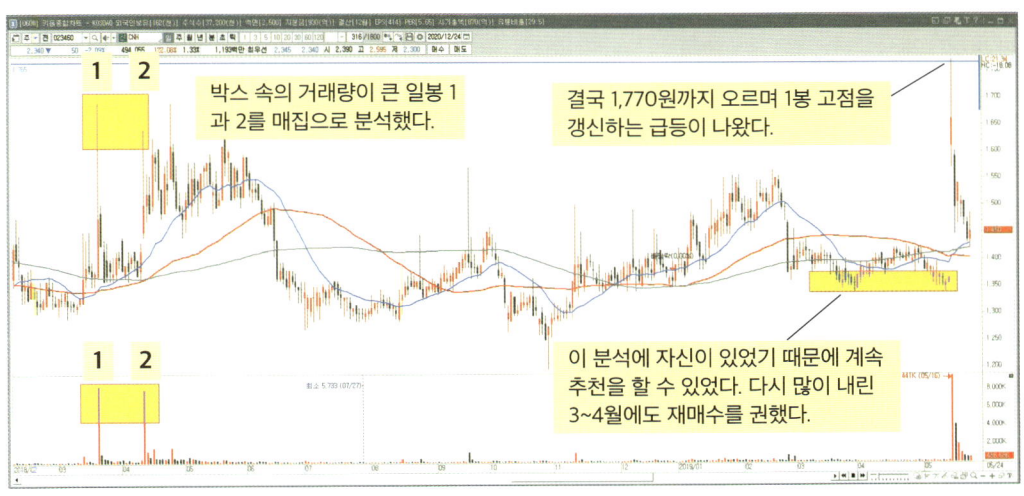

별 볼 일 없는 시작

차트부터 보자. 차트 제일 아래 왼쪽 끝을 보면 '2018/02'이라고 연월이 적혀 있다(확대 축소에 따라 연월만 보일 수도 있고, 날짜까지 보일 수도 있다.). 날짜가 표시된 줄을 따라 시선을 우측으로 옮겨보자. 2018년 3~4월의 노란색 박스로 표시한 숫자 1, 2를 지나 둔덕처럼 불룩 솟아 있는 4~5월의 구간을 만나고 연이어 2018년 6월 하락 구간까지 볼 수 있다. 하락이 저렇게 나오면 대개 '어, 이 주식 끝났네.' 하고 관심을 끊기 마련이다. 좋은 뉴스나 호재도 없고, 하락이 이어지면 물려 있는 개미가 아니고서는 대개 기세등등한 다른 종목을 찾기 마련이다. 그런데 하락이 이어지던 어느 날, 8월 중순 무렵이다. 오른쪽처럼 생긴 일봉 하나가 출현한다.

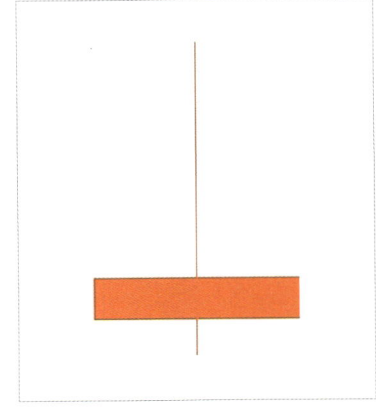

시작을 알리는 신호탄

날짜는 광복절 다음날인 8월 16일이다. 이날 모처럼 거래량도 30만 주를 넘기며 양봉이 나왔다(30만 주가 절대 많다는 뜻이 아니다.).

이런 봉을 '윗꼬리 긴 양봉'이라고 부른다. '윗꼬리 긴 양봉'이라니, 무슨 말일까? 우선, 양봉이다. 양봉이란 시작 가격(시가)보다 마감 가격(종가)이 높은 봉을 말한다(상승이 나왔으니 좋기는 한데 늘 좋은 건 아니다.). 반대말은 음봉이다. 시작 가격보다 마감 가격(종가)이 낮은 봉이다(하락이 나왔으니 짜증이 나지만 늘 나쁜 건 아니다.). 그럼 윗꼬리는 뭘까? 색깔이 채워져 있는 일봉 몸통의 위아래로 막대기가 달려 있다. 이를 '꼬리'라고 부른다. 꼬리는 위에도 있고, 아래도 있는데 위에 있는 꼬리는 '윗꼬리', 아래에 있는 꼬리는 '아래꼬리'라고 부른다. 윗꼬리는 이날 주가가 어디까지 상승했다가 내려왔는지 표시한 것이고, 아래꼬리는 주가가 어디까지 내려갔다가 올라왔는지 표시한 것이다. 그런데 윗꼬리가 길다. 상승이 많이 나왔다는 뜻이다. 찾아보니 8.3%까지 상승하고 내려왔다. 그래서 '윗꼬리 긴 양봉'이라고 부른다.

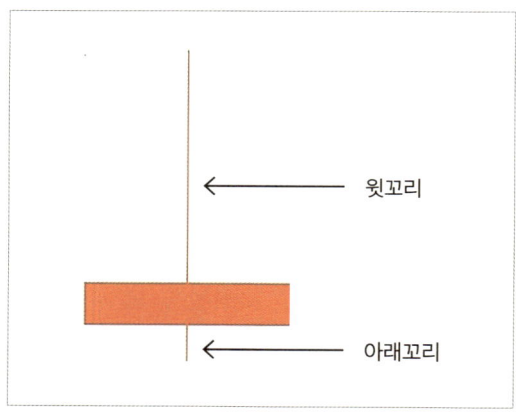

'윗꼬리 긴 양봉'은 '윗꼬리 긴 음봉'과 함께 나에게 매우 중요한 의미가 있다. 개인적인 의미가 아니라 매매적 관점에서 중요하다는 말이다. 물론 어떤 자리에서 이런 봉이 나왔는지가 중요하다. 높은 자리에서 나온 '윗꼬리 긴 양봉'은 위험하지만 종목 [CNH]처럼 하락 후에 낮은 자리에서 나오는 '윗꼬리 긴 양봉'은 매우 각별한 의미를 갖는다.

이런 봉이 출현하면 우리는 주가가 얼마나 높이 점프했는지, 즉 어떤 가격대까지 터치하고 내려왔는지 주목해야 한다. 그냥 보이는 대로 느껴보라. 2018년 4월과 5월 사이 일봉이 몰려 있는 지점(하락 전 둔덕처럼 솟아 있는 부분)까지 다녀갔는지, 아직은 아닌지 말이다. 2018년 8월 16일의 윗꼬리 긴 양봉은 하단에 닿을락말락한 위치까지 다녀갔다.

시동 걸기

윗꼬리 긴 일봉의 첫 등장 이후 '윗꼬리 긴 음봉'이 두 차례 더 출현하며 높은 곳까지 다녀간다. 뭔가가 시작되었다는 의미는 분명하다. 그러나 아직은 불분명하다. 그 다음 신호가 나오기 전까지는 매수하면 안 된다. 매수 신호가 될 만한 것은 몇 가지가 있는데(그 내용이 〈기법편〉에 담겼다.) 2018년 10월의 급락과 다시 급락을 회복하려는 움직임도 그 중 하나다. 이때가 종목 [CNH]를 처음 추천한 때다. 시동은 걸렸다.

상승 국면

그때가 2018년 11월 초다. 이때를 기점으로 주가는 상승 추세를 이어가며 2019년 2월 중순까지 계속 오른다. 실제로 네이버 카페 〈주식 네 이놈〉의 회원들에게 추천을 한 뒤로 약 20% 수준인 1,565원까지 올랐다.

다시 하락

쉽게 가면 세력이 아니다(이 말을 잘 기억하기 바란다.). 이전에 오르다 실패했던 가격을 다시 뛰어넘을 것처럼 상승 추세를 만들었던 [CNH]는 그러나 절벽을 만난 것처럼 급락, 주가는 1,340원까지 떨어진다. 만일 이때 장기 매집을 확신하지 못했다면 어땠을까? 하락 구간에서 주식을 사기가 겁나지 않겠는가? 혹은 이전부터 보유 중이던 사람이라면 이때 팔고 도망치고 싶지 않겠는가? 그러나 나는 장기 매집으로 분석하고 있었기 때문에 차트 1의 오른쪽 노란색 박스(*매물대 근처이므로)에서 다시 나누어 살 것(*분할 매수)을 추천했다.

> **Tip**
>
> 1. 매물대 : 매물대란 일반적인 의미에서 매물, 즉 팔려고 내놓은 물건이 몰려 있는 구간을 뜻한다. 예를 들어 현재 가격이 1,200원인데 100원 정도 높은 가격대인 1,285~1,315원에 팔려는 사람이 몰려서 100만 주의 물량이 나와 있을 때 이 가격대를 '매물대'라고 부른다. 그런데 내 입장에서는 '매물대'라는 의미가 조금 다르다. 물론 '물량이 많이 나온 가격대'이기도 하다. 그러나 그보다는 '거래가 많이 이루어진 가격대'가 보다 정확하다. 1일 거래량이 적더라도 여러 달에 걸쳐 장기간 거래가 이루어진 구간이거나 단기간이더라도 대규모 거래가 이루어진 구간이 진짜 중요한 매물대가 된다. 만일 이런 구간이 현재 가격보다 위에 있으면 뚫기 어려운 벽이 되고, 아래에 있으면 주가를 받쳐주는 든든한 콘크리트가 되는 경향이 있다. 보다 자세한 설명은 <기법편>을 참고하자. 매물대만으로 하루 종일 이야기해도 모자랄 만큼 중요한 주제다.
>
> 2. 분할 매수 : 나누어서 산다는 뜻이다. 총 매수 금액을 정해둔 뒤 다른 시간, 다른 가격대에 걸쳐 여러 차례 나누어 사는 걸 분할 매수라고 부른다. 한 번에 최저가 매수가 가능하다면 좋겠지만 그게 힘들기 때문에 수차례 나누어서 매수하여 평균단가를 낮춘다. 예를 들어 현재 가격 2,500원인 종목이 세 달 뒤 최종적으로 4,500원에 도달하더라도 중간에 2,000원까지 내려갈 수도 있고, 심지어 1,500원을 찍고 올라갈 수도 있다. 그런데 무턱대고 2,500원에 사고 싶은 만큼 다 사면 1,500원이나 2,000원이 되었을 때 공포감을 견디기 힘들고, 평균단가를 낮출 수 있는 기회를 놓치게 된다. 분할 매수는 급락의 공포로부터 내 마인드를 지키는 방법이자 안정적인 수익을 거둘 수 있는 최고의 전략이다. 예전에도 그랬지만 월급날 적금 붓듯이 [삼성전자] 주식을 사 모으는 사람들이 있는데 이게 분할 매수 전략이다. 다만 우리는 세력의 의도를 분석하여 보다 짧은 시간 안에, 보다 효율적인 분할 매수를 하는 게 목표다.

1차 마무리

그래서 어떻게 되었을까? 상승과 하락을 반복하던 [CNH]는 2019년 5월 16일, *상한가를 치며 1,770원까지 상승한다. 하락 후 갑작스런 상한가라니? 의아할 수 있겠다. 그러나 갑작스런 출현이 아니다. 세력은 긴 시간 공을 들이며 오늘을 기다렸다고 보는 게 옳다. 무슨 말인가? 이게 1차 마무리일 가능성이 농후하다는 얘기다. 2018년 3월부터 시작된 [CNH] 세력의 1차 작전은 2019년 5월의 상한가로 1차 막을 내렸다고 나는 생각한다(기간이 너무 길다고 느끼는 사람이 있을 수 있고, 수익률이 생각보다 작다고 생각하는 사람이 있을지 모르겠다. 그러나 실제로 수익을 거두었던 다른 종목 소개를 보면 이보다 훨씬 단기간에 더 큰 수익을 거두는 경우가 많다는 점도 알게 될 것이다.).

> **Tip**
>
> 상한가를 부르는 몇 가지 명칭이 있다. 그냥 '상한가'라고 하면 하루에 상승할 수 있는 최고 가격에 도달했고, 이를 장 마감 때까지 잘 유지하는 경우를 말한다. 반면 '장중 상한가'는 장이 한창일 때 상한가에 도달하기는 했으나 이 가격을 지키지 못하고 가격이 떨어지는 경우를 말한다. 위 [CNH]의 사례는 장중 상한가다. '점상한가' 혹은 '점상'은 시가가 상한가인 경우를 말한다. 즉 시작하자마자 상한가를 기록한 것이다. [빅히트] 때문에 잘 알려진 '따상(더블 + 상한가)'의 경우는 상장일에 공모가의 2배에서 시가가 만들어지고(더블), 여기서 다시 상한가에 도달한 경우를 말한다. 기대감 높은 종목의 상장일에 가끔 나타나는 현상이다. 참고로 '상따'라는 것도 있는데 이건 상한가에 갈 것 같은 종목을 골라서 상한가 직전에 매수하는 기법을 말한다. 웬만한 실력으로는 쉽지 않은 방법이고, 절대 추천하지 않는다.

상한가의 의미

'상한가'의 의미에 대해서 잠깐 짚어 보자. 상한가는 시작일까 끝일까? 달리 말해서, 더 오를 수 있을까 더 오를 수 없을까? 아직 더 오를 수 있다고 보고 상한가를 잡으러 가는 게 '상따'다. 물론 '상따' 기법을 무시하는 건 아니다. 분명 '상따'로도 수익을 거두는 사람도 있겠다. 그런데 내가 급등주 차트를 연구하며 내린 결론은 조금 다르다.

"상한가는 세력이 펼친 작전의 결과물이자 마무리다."

무슨 말인가? 상한가나 혹은 상한가에 준하는 장대 양봉(장대처럼 길게 솟구쳐 있는 빨

^{간색 양봉)}이 나오면 팔고 나와야 한다는 말이다. 내가 운영하는 네이버 카페 일부 회원과 제자들은 나의 추천 종목이 뜬금없이 상한가를 치며 달려가는 걸 수없이 겪다보니, 으레 급등이 나올 거라 보고 장대 양봉이 나오기 전에는 아무리 수익 중이어도 팔지 않는 분들이 많다. 질문도 종종 받는다. 왜 추천 종목들이 늘 상한가를 치느냐고. 이유는 간단하다.

"세력이 공들여 장기간 매집한 종목이기 때문이다. 세력이 공을 들여서 차트를 만들어왔고, 그 최종 결과물로 상한가를 만든다."

> **Tip**
>
> '물렸다'는 말은, 개미들의 일상용어다. 주가가 내가 산 가격보다 낮아져서 팔지도 못하고 한숨 쉬고 있을 때, 어느 세월에 주가가 다시 오를지 잘 모르겠고, 그래서 답답할 때 그때 '물렸다'고 한다. 반면 설령 지금 주가가 내가 산 가격보다 낮아서 손실 중이더라도 다시 올라올 수 있다는 근거와 믿음이 있다면, 즉 매집을 보고 매수한 것이라면 그때는 '물렸다'고 하지 않는다. 그건 물린 게 아니라 추가 매수 기회를 엿보고 있는 것이다.

mimir summary

- 우리는 지금 '차트를 대하는 올바른 습관'을 잡기 위해 이 책을 함께 읽고 있다.
- 핵심은 '세력의 존재를 의식하며 차트를 보자'다.
- 세력은 모든 종목에 존재하며, 그들의 흔적은 차트를 통해 드러난다.
- 종목 [CNH]를 통해 우리는 세력이 가격을 하락시켰다가 다시 끌어올리는 과정, 상한가를 통해 마무리하는 방법을 살펴보았다.
- 그리고 마지막으로 다시 강조하자면 상한가를 비롯한 장대 양봉이 나오면 작전이 일단락되었다고 보라는 것이다. 급등을, 마무리가 아니라 시작이라고 생각하고 달려들면 매번 물리게 된다. 달리 말해 고점을 바라보는 눈이 달라져야 한다.

두 번째 습관

돌파가 나오면 판다

1
고점 돌파는 살 때일까, 팔 때일까?

다음 내용으로 넘어가기 전에 한 가지 공부할 게 있다. 박스권이다. 아래 차트는 2008년부터 2020년까지 코스피 일봉 차트다. 노란색 박스에 주목하자. 노란색 박스를 친 구간은 2010년 초반부터 2017년 초반까지다. 이 기간 코스피 지수는 노란색 박스를 벗어나지 못한다. 올라가려고 하면 천정에 부딪치고, 내려간다 싶으면 바닥에서 반등이 나온다. 끝이 안 보이는 긴 터널에 들어선 기분이다. 이 답답한 구간을 주식 판에서는 '박스권'이라고 부른다.

[차트 2] 너무 잘 알려진 코스피 박스권

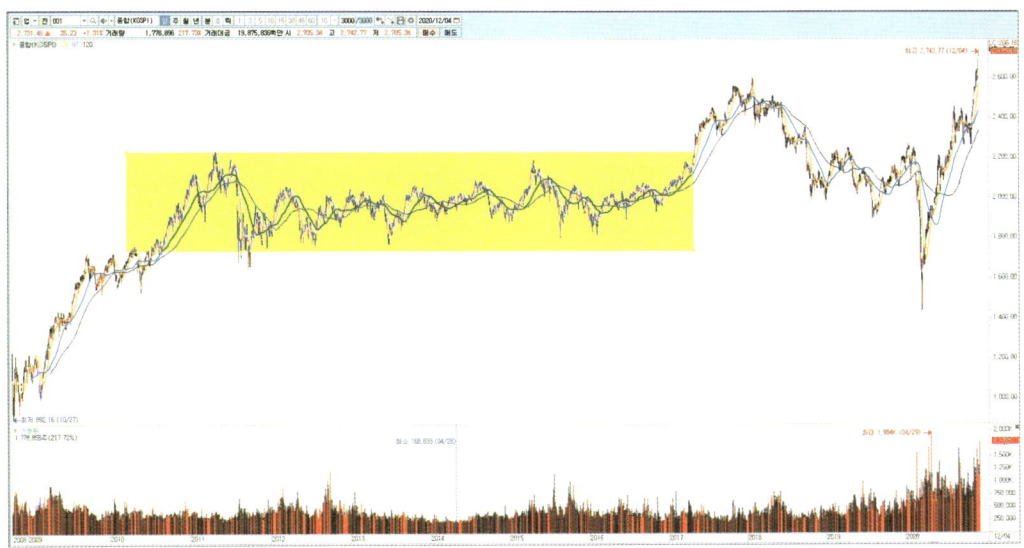

'박스권'이 중요하게 다뤄지는 이유 가운데 하나는, 언젠가 박스권을 탈출할 것으로 기대하기 때문이다. 2017년 초반을 지나면서 코스피 지수는 박스권을 뚫고 오른다. 7년 만의 박스권 탈출(=돌파)이자 코스피 사상 최고가 기록이다. 박스권 돌파에 성공한 코스피 지수는 2018년 말까지 지속적으로 상승하며 역사적 신고가를 기록한다(신고가란 '새로운 고가'라는 말로, 기록 갱신을 의미한다. '역사적'이라는 말이 붙으면 이 종목의 역사에서 가장 높은 가격을 기록했다는 말이다. 반대말은 신저가다.).

여기서 우리가 기억할 건 두 가지다. 박스권과 박스권 탈출(=돌파)이다. 박스권 탈출(=돌파)이 나오려면 박스권의 천정에 해당하는 가격을 뛰어넘어야 한다. 이때 박스권의 가장 높은 가격을 보통 '전 고점'이라고 부른다(아래 차트에서 A가 전 고점).

[차트 3] B가 나오면서 전 고점 A를 뛰어넘었다.

B가 나오는 날, 당신이라면 어떻게 하겠는가? 주가가 급등하는 모습을 보면서 부럽다는 생각, 따라 가고 싶다는 생각이 들지 않겠는가? 차트의 아래쪽을 보면 당일 거래량(차트에서 C)도 확인할 수 있는데 장중에는 이 정도까지는 아니겠지만 그래도 거래량이 많이 터지고 있으니 계속 상승할 것 같다(거래량은 매우 중요한 지표다. 일봉 차트만 보지 말고, 아래쪽 거래량도 확인하는 습관을 들이자.).

지금은 일봉 B 이후의 하락 장면까지 같이 보고 있으니 '이런 걸 누가 사?' 하고 생각할지 모른다. 그런데 급등이 시작된 당일로 돌아가면 상황이 달라진다. 일봉 B는 차트의 모습과 달리 윗꼬리 없이 잘 뻗은 빨간색 양봉이었다. 금방이라도 상한가에 도달할 것 같다. 한번 그런 생각이 들면 마음은 온통 기대감으로 들뜨기 시작한다. 마우스를 잡은 손에 땀이 난다. 심장이 뛴다. 흥분이 뇌를 지배한다. 그러다 갑자기 급등이 나온다. 생각할 틈도 없다. 자기도 모르게 손이 먼저 움직인다. 수백만 원, 수천만 원어치가 매수된다(계획적이고 의지적인 행동이라면 '매수한다'고 표현하겠지만 머리가 아닌 충동에서 매수한 것이라면 '매수된다'고 말하는 게 옳아 보인다. 주문을 넣은 건 내가 아니라 다른 누구 같다. 맞는가?). 처음 몇 초 동안은 잘 간다. 지금 팔아야 하나? 헷갈린다. 조금 더 기다려야 하나? 마음이 오락가락한다. 그렇게 잠깐 주저하는 사이, 주가는 방향을 틀어서 이번에는 수직 급락을 시작한다. 역시나 생각할 틈이 없다. 몇 초 전까지만 해도 약간이지만 수익이었는데 지금은 손실로 바뀌었다. '지금껏 오른 게 있는데 이대로 죽지는 않을 거야.'라고 스스로를 달래며 침을 꼴딱 삼킨다. 그제야 손절 라인을 눈으로 찾아보기 시작한다. 어느 가격까지 하락하면 다 팔고 도망치자고 생각한다. 그런데 실제로 그 가격까지 오면 마음이 달라진다. 더 아래 지지 라인이 있을 것만 같다. 살짝 반등도 나온다. 그러나 저점을 계속 갈아치운다. 하락은 가속도가 붙는다. 버려야 할까? 기다려야 할까? 망설이고 망설이다가 -5%, -10%가 된다. 미치겠다!

수익률이 마이너스를 기록하고 있는 계좌를 보내며 상담해달라는 분들을 보면, 한결같이 이런 식으로 B의 고점에 사서 물려 있다.

물론 없는 매매법은 아니다. 보통 '돌파 매매' 혹은 '박스권'이라는 단어를 붙여 '박스권 돌파 매매'라고 부르는 매매법이다. '신고가에 잡아라, 매물대 돌파하는 놈을 잡으라'고 가르치는 사람들도 다 돌파 매매를 얘기하는 것이다. 그런 매매로 돈 버는 사람도 있다. 나도 한때 시도했던 기법이다. 그러나 내가 내린 결론은 조금 다르다.

"돌파하는 날은 사는 날이 아니라 파는 날이 되어야 한다."

왜 이런 결론에 도달했을까? 이유는 다음 두 가지다.

- 경험적으로, 전 고점을 한 번에 뚫고 상승하는 경우는 의외로 드물기 때문에
- 물리면 손해가 가장 큰 자리이기 때문에

리스크 크고 확률 낮은 데 뛰어드는 건 도박이다. 복권이다. 그렇다면 무서워서 도망쳐야 하나? 아니다. 도리어 다음 두 가지 관점에서 돌파를 바라보아야 한다(돌파를 바라보는 발상의 전환이다.).

- 그 전에 살 수 있는 방법이 있다.
- 돌파 이후의 움직임을 모니터링하며 다시 매수 시점을 잡을 수 있다.

2
돌파를 만드는 장대 양봉의 의미

다시 말하지만 장대 양봉을 동반하며 돌파가 나오는 날은, 세력이 커밍아웃을 하는 날이다. '나, 여기 있지!' 하고 동네방네 떠드는 날이다. 대놓고 자신의 정체를 드러내는 건 무슨 뜻인가?

"여기 맛좋은 열매가 있으니 너희들도 와서 먹어봐."

"나의 물량을 비싼 값에 사줄 개미를 찾습니다."

한마디로 당신을 호구로 알고 유혹하는 중이다.

[차트 4] 전 고점을 돌파하면 일단 파는 습관을 들인다.

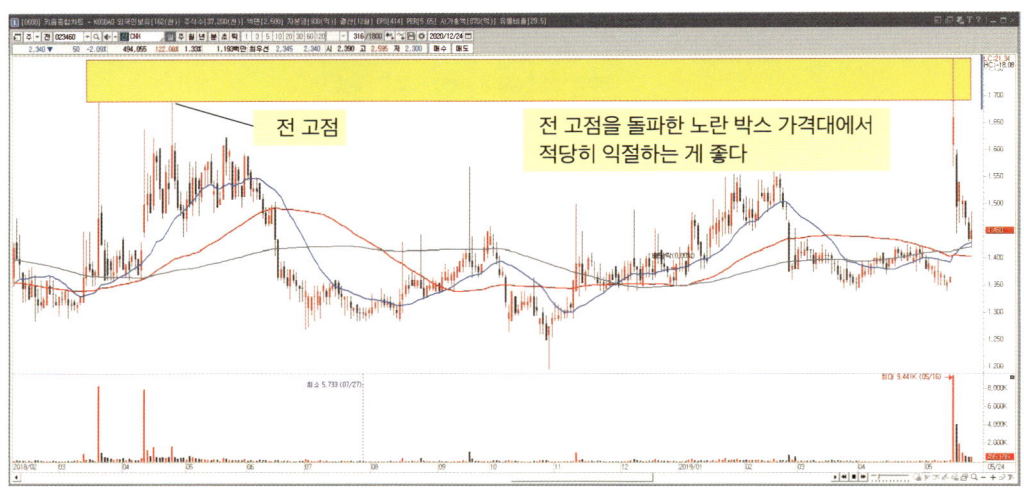

다시 종목 [CNH]를 보자. 2019년 5월 16일, 2018년의 전 고점을 돌파하자 추격 매수에 나선 사람들이 있다. 무슨 생각이었을까?

- 전 고점을 돌파했다. → 스승님이 이야기해주신 '돌파 매매'다. 절호의 찬스야. 추격 매수에 나서자!
- 살펴보니 그동안 매집도 잘 이루어졌다. → 매집까지 좋다면 돌파 후 추가 상승이 충분히 나올 수 있을 거야. 못 먹어도 고다!

전 고점만 돌파한 것도 아니고, 매집까지 좋다면 이렇게 생각할 법하다. 그 생각을 바꿔야 한다.

- 전 고점을 돌파했다. → 매도할 때군.
- 그동안 매집이 잘 이루어졌다. → 다시 매수 기회를 찾아야겠군.

실제로 2019년 5월 16일, 종목 [CNH]가 고점을 돌파할 때 매수한 분들은 본전을 찾기 위해 6개월을 기다려야 했다(매집이 좋으니까 반 년 뒤에 회수가 가능했지 매집이 없거나 매집이 아직 충분하지 않았다면 더 오랜 시간을 기다려야 했을지 모른다. 그러나 내 생각에 이때 매수해서 물려 있던 사람들은 매집에 대한 확신도 약하고, 급한 성질답게 손절 치고 나가면서 욕을 한 사발 했을 것 같다.).

반대로 이날 수익을 내고 주식을 다 처분한 사람들은 다음 작전을 준비할 수 있다. 왜? 매집이 좋으니까. 실제로 이날 수익 내고 나온 회원들에게 다시 하락을 기다렸다가 분할 매수를 하라고 권했다. 언젠가는 크게 갈 주식이므로. 어떻게 되었을까? 아래 차트 5를 보자. 수차례에 걸쳐 급등락을 반복하며 수익 구간을 만들어 줬다.

[차트 5] 2019년 5월 이후의 과정을 보면 하락과 상승을 되풀이하고 있는 모습을 확인할 수 있다.

이후 과정은 어떻게 되었을까? [CNH]는 거의 1년 동안 먹을거리를 제공했는데 결국 대상승을 만들어냈다. 아래 차트 6은 이후의 대상승 국면을 보여주고 있다.

[차트 6] 2019년 9월 이후의 차트다. 2018년 후반기 첫 발견 때 1,300원대였던 주가는 2019년 12월에 2,410원까지 상승한 뒤 하락했다.

2019년 12월 24일 크리스마스이브에 최고가라는 선물과 장대 음봉이라는 악몽을 동시에 선사한 종목 [CNH]의 이후 흐름은 어떤가? 두 차례에 걸쳐 상승이 나오기는 했지만 크리스마스이브의 고점을 돌파하지는 못했다. 이후 *고점과 저점이 모두 점차 낮아지다가 3월에 들어서며 급락을 맞이한다.

> **Tip**
>
> 고점 혹은 저점이 낮아지거나 높아진다는 표현을 쓴다. 무슨 말인가? 주가의 흐름을 파도라고 생각해 보자. 파도는 봉우리가 있고, 골짜기가 있다. 봉우리의 가장 높은 지점이 고점인데 만일 파도가 갈수록 거세지면 어떻게 될까? 다음 차트 7처럼 봉우리 고점 A, B, C가 계속 순차적으로 높아지지 않을까? 이를 고점이 높아진다고 말한다. 반대의 경우, 즉 파도의 힘이 약해지면 고점이 낮아진다고 말한다.

[차트 7] 고점이 높아진다.

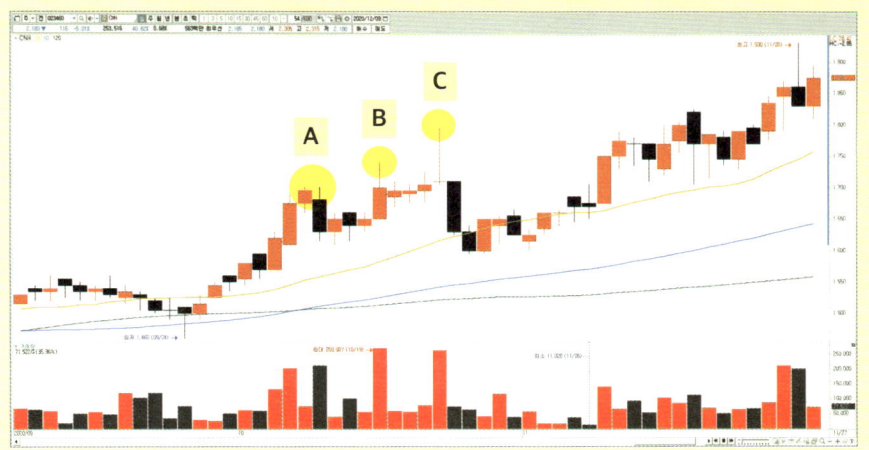

파도의 골짜기에 해당하는 부분에서 가장 낮은 지점을 저점이라고 한다. 차트 8처럼 저점이 계속 갱신하며 낮아지는 것을 확인할 수 있다. 일반적인 의미에서 저점이 낮아지는 건 절대 좋은 그림이 아니다. 반대로 저점이 높아지면 그때는 일반적으로 좋은 그림이라고 생각한다.

[차트 8] 저점이 낮아지고 있다. 매집 분석이 안 되어 있다면 참 괴로운 그림이다.

끝난 걸까? 아래 차트 9은 종목 [CNH]의 월봉이다. 월봉은 한 달에 하나씩 봉을 만든다. 12개의 봉이면 1년치 흐름을 다 표현할 수 있다. 일봉만 보다가 월봉을 보니까 다른 느낌일 수 있겠다. 차트가 어떤가? 노란색으로 박스를 친 부분을 보면 뭔가 느낌이 올까?

[차트 9] 이건 일봉이 아니라 월봉이다. 월봉은 보면 종목 [CNH]의 움직임이 범상치 않아 보인다. 박스권 하단에 이르면 반드시 상승이 나온다. 뭔가 있다.

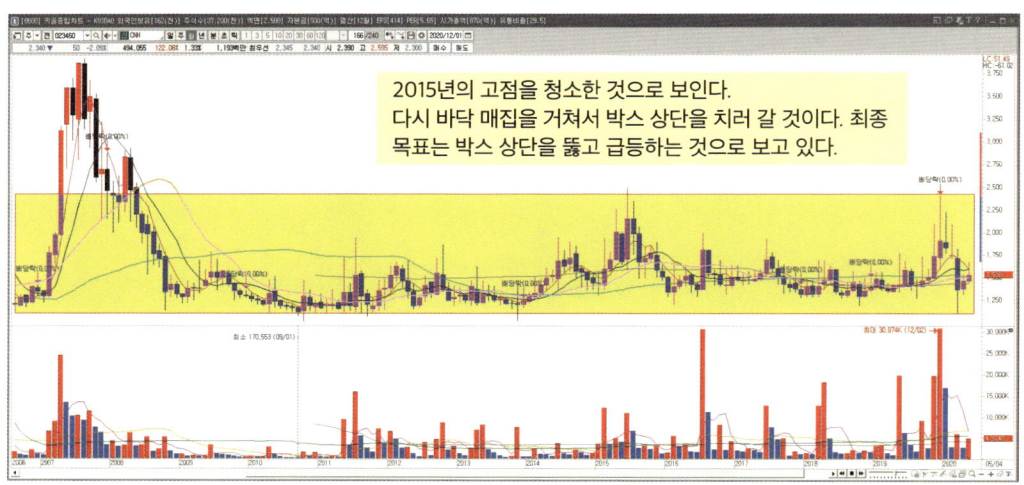

나는 아직 끝나지 않았다고 본다. [CNH]는 세력이 떠난 게 아니며, 여전히 매집 중이라고 보고 있다(물론 중간에 한 번씩 팔면서 수익을 만든다. 그때가 우리 역시 수익을 내는 기회가 된다.). 언젠가는 노란 박스를 뚫고 오를 때를 기대한다. 이처럼 큰 틀에서 상승이 예상되는 종목(=매집 좋은 종목)을 골라서 바닥에서 사서 전 고점 돌파나 전 고점 부근에서 파는 게 내가 생각하는 안전한 매매법이요, 지금 여러분이 할 만한 매매법이라고 생각한다(다만 매집 공부가 선행되어야 하므로 아직은 힘들 수 있다.).

주목!

차트 5와 6에서 주목해야 할 게 두 가지 있다. 〈기법편〉에서 자세히 다루고 있는 움직임이 이 차트에도 나타난다. 특히 차트 5다.

❶ 큰 폭의 하락이 나온 뒤 급반등이 나와서 원래 가격을 금방 회복한다.
❷ 2019년 5월의 상한가를 비롯하여 비슷한 형태로 총 3차례 상승하는 모습을 볼 수 있다. 마치 그 모습이 날카로운 칼로 천정에 매달린 뭔가를 푹 찌르고 있는 것처럼 보이지 않은가? 그런 3번의 움직임 뒤에 차트 6처럼 대상승 국면이 이어진다. 이런 과정은 내가 〈3타4파〉라고 이름을 붙인 것으로, 상승 국면에서 자주 등장하는 형태다. 〈3타4파〉란 3번 때리고, 4번째 깨뜨린다는 말로, 전 고점을 3번 때려서 약하게 만들고, 4번째 뚫고 오르는 이런 형태의 상승을 말한다.

1번과 2번은 모두 세력의 움직임을 확인할 수 있는 징후 가운데 하나로, 상승 전에 흔히 나타난다. 꼭 기억하기 바란다.

> **Tip**
>
> 투자 기간에 대해 잠깐 이야기해야겠다. 나도 흔히 말하는 '단타'를 하는데 그러나 나의 '단타'는 스켈핑이 아니다. 스켈핑이란 매일 변동성 높은 종목을 골라서 하루에도 수십 번씩 사고파는 매매법을 말한다. 스켈핑을 한다는 말은 사자마자 가격이 올라야 한다는 뜻이고, 그게 아니면 빨리빨리 손절을 쳐야 한다는 말이다(손절이란 손해를 보고 파는 행위를 의미한다. 반대말은 익절. 수익을 보고 파는 게 익절이다.). 나는 그런 의미의 단타는 하질 않는다. 내가 하는 단타는 한두 달 내에 급등하는 일봉이 한두 개 나와 수익을 주는 매매를 의미한다. 기다리는 시간이 다른 만큼 기대하는 수익률도 다르다. 스켈핑은 보통 2~3%를 기대하고 뛰어들지만 나는 최소 10%를 기대하고 들어간다(기간이 더 길수록 더 큰 수익률을 기대할 수 있다.). 나의 단타는 스켈핑보다 기간은 더 길지만 수익 폭이 더 크다. 그리고 무엇보다 손절을 거의 하지 않는다는 게 장점이다. 아주 특별한 경우를 제외하고는 내 사전에 손절은 없다. 왜냐하면 매집을 보고 들어갔기 때문에 손절을 할 이유가 없다. 때때로 손절을 잘해야 좋은 투자자가 된다고 말하는 사람들도 분명 있다. 기회비용이라는 것도 무시할 수 없겠다. 그러나 뜻대로 움직이지 않는다고 손절을 반복하는 사람은 성공하기 힘들다고 생각한다. 달리 말해 하락의 위협에도, 지연작전의 지루함에도 잘 버틸 수 있어야 한다는 말이다. 그냥 버틸 수는 없고, 매집 분석을 통해 스스로 확신을 가져야 한다.

mimir summary

- 지금 우리는 '매집이 되었다고 판단되는 종목'을 가정하고 이야기를 펼쳐가고 있다. 매집이 없는 종목이라면 위의 이야기들이 성립하지 않을 수 있다는 점을 기억하자.
- 이번 장에서는 매도 시점에 대해서 얘기했다.
- 주가가 전 고점을 돌파하거나 혹은 비슷한 위치에 도달하면 세력의 작전이 일단락되었다고 생각하고 일단 판다.
- 고점은 시작이 아니라 마무리라고 생각한다.
- 좋다, 파는 건 알겠는데, 그렇다면 언제 사야 할까?

세 번째 습관

쫓아가지 말고 기다려서 산다

1
왜 내가 팔면 날아갈까?

앞에 차트 5에서 기억해 달라고 했던 게 있다. 한 세트로 움직이는 급락 + 급반등이다. 급락은, 빠르고 깊은 하락을 말한다. 급락이 나오면 등에 식은땀이 난다. 숨결이 거칠어진다. 주먹으로 책상을 내려칠 때도 있다. 어이없다. 때로는 몸이 먼저 반응하여 순식간에 물량을 팔아버리는 순발력 좋은 사람도 있다. 대개는 못 판다. 주저한다. 그 사이 낙폭이 깊어진다. 침이 마르고 욕이 나온다. 절망에 이른다. 그러다 급반등이 나온다. 급반등이 나오는 날은 당일일 수도 있고, 며칠 뒤일 수도 있다. 아무튼 버틴 보람이 있다. 한숨을 돌린다. 그러면 그렇지, 이렇게 죽을 놈이 아니다. 그런데 불안하다. 언제 또 떨어질지 모른다. 본전 오면 팔고 도망쳐야겠다고 생각한다.

급락은 왜 나오는 걸까? 급락이 나왔으면 계속 하락을 해야지, 왜 급반등이 나오는 걸까? 이 급락 + 급반등의 정체를 이해하면 우리는 대강이나마 매수 시점을 찾을 수 있을 것 같다.

세력이 매집 중이라고 가정하고, 급락이 나오는 이유를 생각해 보자. 세력은 왜 급락을 시킨 것일까?

❶ 낮은 가격에 매집을 하기 위해
❷ 개미들을 겁주어 털어내기 위해

　1번의 이유라면 급락이 나온 뒤 낮아진 가격이나 혹은 그보다 더 아래 가격대에서 오래 머물러 있을 것으로 생각된다. 왜? 매집은 장기간 조금씩 낮은 가격에서 이루어지기 때문에. 이때 세력의 무기는 시간이다. 갈 길 바쁜 개미 사정 생각지 않고, 낮은 가격대에서 세월아 네월아 질질 끈다.

　2번의 이유라면 급락이 나온 뒤 급등을 만든다. 겁먹은 개미들이 물량을 던지고 나가도록 만들려면 급락 + 급등의 연타 공격은 매우 유용한 방법이다. 이미 매집을 마쳤기 때문에 굳이 낮은 가격대로 주가를 떨어뜨릴 이유는 없다. 하지만 자꾸만 달라붙는 개미들이 귀찮다. 쫓아낼 때다. 그래서 급락으로 겁을 주고 급등으로 못 쫓아오게 만든다. 이제 남은 건 좋은 때를 찾아 급등을 시키는 일뿐이다.

　그렇다면 '내가 팔면 가더라.'는 어느 때에 해당하는 걸까? 2번이다. 세력이 주가를 급락시키자 덜컥 겁이 난다. 한 바가지 욕을 하며 팔아치웠는데 웬걸, 며칠 뒤 주가는 하늘을 뚫고 있다.

　그러면 급락이 나올 때 사라는 얘기인가? 아니다. 급락이 급등의 전조인지 아닌지는 명확하지 않다. 그럼 급등까지 확인한 뒤에 들어갈까? 그것도 간단히 그렇다고 할 수 있는 게 아니다. 급락 + 급등을 보고 매수하는 방법이 있으나 아직 공부할 게 많다. 지금은 '매수'를 바라보는 관점을 몸에 장착하는 시기이므로 하나씩 차분히 살펴보자. 일단 앞에서 다루었던 종목 [CNH]로 돌아간다.

2
매수 시점 잡기

　다시 종목 [CNH]다. 지금은 2019년 1월 말을 거쳐 2월 초를 지나는 중이다. 주가는 마치 2018년 9월 17일의 전 고점을 뚫을 듯이 한참 올라가고 있는 중이다. 전 고점이 가깝다. 정상(전 고점)까지 불과 몇 미터 남겨 두지 않았으나 웬일인지 거래량이 터지지 않는다. 고점 비슷한 가격대에서 자꾸만 윗꼬리를 그리는 일봉이 등장한다. 하락 전조로 읽을 수 있다. 아무래도 이번은 아닌 것 같다. 다음 타이밍을 잡는 게 좋을 것 같다. 전량 매도하고 대기한다. 하락 후 다시 한 번 고점을 공략한다. 장중에 보면 금방이라도 갈 것 같다. 그러나 여기는 매우 위험한 자리다. 물리기 딱 좋은 자리다. 실제로 거래량이 터지지 않으며 주가는 하락한다. 기어이 2월 말이 되자 급락이 나온다(차트 10번 제일 마지막 일봉).

[차트 10] 현재 날짜 2019년 2월 26일이다. -8% 수준의 갑작스런 하락이 나왔다.

이제 어떻게 할까? 매집은 좋다. 그렇다면 다시 매수 타이밍을 잡을 때다. 어디에서 다시 살까? 아래 차트 11을 보자.

[차트 11] 박스권 A의 기간과 거래량을 보고 박스권 B에서 가격 반등이 나올 것으로 기대할 수 있다.

보기 좋게 노란색 박스로 표시한 박스권 구간이 2개 있다. 첫 번째 박스권 A는 상승이 나오기 전 거래가 많이 이루어진 구간이다. 노란색 박스 안에 많은 일봉들이 갇혀 있는 걸 눈으로 확인할 수 있다. 박스권은 일종의 벽돌과 같다. 무슨 말인가 하면 웬만한 힘으로는 박스권을 탈출하기 힘들다는 얘기다. 그런데 어떻게 되었는가? 박스권 A를 뚫었다! 고점을 계속 높이며 주가는 상승 추세에 접어들었다.

박스권을 뚫는 건 쉬운 일이 아니다. 그런데 뚫었다면? 그만큼 힘이 강했다는 뜻이겠다. 그런데 한 번 뚫고 난 뒤의 박스권은 완전히 힘을 잃을까? 아니다. 뚫고 오르는 것도 힘들지만 뚫고 내려가는 것도 힘들다. 달리 말해 하락할 때 더 이상 주가가 떨어지지 않도록 지지해주는 역할을 한다. 물론 모든 박스권이 동일한 힘으로 버텨주는 건 아니다. 그 힘을 가늠하기 위해 우리는 다음 두 가지를 고려한다.

❶ 박스권에 머물렀던 기간이 얼마나 될까? → 기간이 길수록 버티는 힘이 크다.
❷ 박스권에서 얼마나 많은 물량이 거래되었을까? → 거래된 물량이 많을수록

힘이 크다.

박스권 A는 어떤가? 세 달 이상이면 더 좋았겠지만 한 달 반도 힘을 가늠하기에는 충분한 시간으로 보인다. 거래량은 어떤가? 전후의 거래량과 비교해 본다. 그 어느 때보다 많다고 볼 수는 없지만 그럼에도 결코 적은 양은 아니다. 기간과 거래량, 이 두 가지 수치를 함께 고려하며 이 박스권이 어느 정도의 힘을 갖고 있을지 종합적인 판단을 내린다. 어떤가? 이 박스권은 훗날 상승했던 주가가 떨어질 때 잡아주는 역할을 할 수 있을 것 같은가? 그런 판단이 든다면 그때 박스권 A와 같은 가격대인 박스권 B에서 매수를 고려할 수 있다.

물론 매수 시점을 잡는 일은 상황마다 다르다. 세력이 대놓고 박스권을 깨뜨리고 하락을 시킬 수도 있다. 그러나 일반적으로 보자면 종목 [CNH]를 재공략할 수 있는 구간은 이전 매물대, 즉 박스권 A와 비슷한 가격대다. 이 말은 우리에게 한 가지 교훈을 준다. 매수를 하려면 떨어질 때까지 기다려야 한다는 사실이다.

3
신호를 기다렸다가 매수하기

위에서 내린 결론은 두 가지였다.

❶ 세력은 급락 + 급등으로 개미들을 겁준 뒤에 가격을 올린다.
❷ 한 번 뚫었던 매물대는 하락 때 가격 반등이 나오는 좋은 매수 자리다.

이 둘을 합치면 어떨까? 다음 차트 12를 보자. A, B, C, E의 박스권 4개를 표시해 두었다. 주가가 이 박스권들 사이에서 어떻게 움직이는지 눈으로 쫓아가 보자.

[차트 12] 4개의 박스권이 있다. 비슷한 가격대에서 움직이는 박스권 A, B, C와, 조금 더 높은 가격에서 만들어진 박스권 E다.

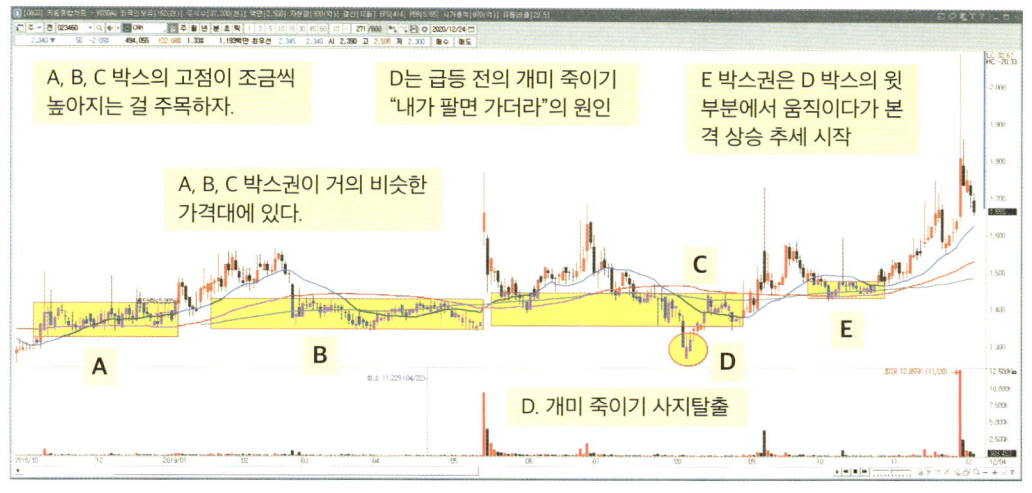

차트 흐름

❶ 박스권 A에 머물던 주가가 고점을 뚫고 오른 뒤 하락한다.

❷ 그런 뒤 박스권 A와 유사한 가격대에서 박스권 B를 만든다.

❸ 박스권 B에서 오르락내리락하던 어느 날 갑작스런 상승이 출현한다. 전 고점을 모두 뚫었다. 그러나 상승세는 이어지지 못하고 하락한다. 이후 한 차례 더 반등이 나오지만 갱신된 전 고점까지 도달하지는 못한다.

❹ 박스권 B를 탈출한 뒤 두 차례에 걸쳐 상승이 나오는 동안 주가는 이전 박스권 B보다 높은 가격에 머물러 있다.(박스권에 대한 공부를 하면 왜 박스권 위에서 반등이 나오는지 이해가 높아질 것이다. 그러나 여기서는 복잡하므로 패스한다.)

❺ 그리고 하락이 시작된다. 하락은 가속도가 붙는다. 기어이 박스권 B의 가격대까지 도달했는데 그것도 모자라 박스권을 강력하게 이탈하는 급락이 나온다. 차트에서 노란색 동그라미로 표시한 D다. D에 뭐라고 적었는가? 개미 죽이기 사지탈출! '사지'란 '사지에 몰렸다'의 그 '사지'가 맞다. 개미를 죽이는 곳이다. 그런데 불과 며칠 사이 급반등이 이어진다. 급락 + 급반등 콤보다. 개미를 털어내기 위한 작전이다.

❻ 그리고 잠시 조정을 거친다(상승 중에 주가가 잠시 내려오며 숨을 고르는 것을 '조정'이라고 부른다.). 박스권 B와 비슷한 위치인 박스권 C에서 며칠 머문다. 기간은 짧지만 이것도 박스권으로 볼 수 있겠다. 이 구간에서 갈 생각 없는 듯 주춤거리면서 박스권 B에 사서 안 팔고 버티던 개미들과 약간의 시간 싸움(지연작전)으로 물량을 빼앗은 뒤 오르기 시작한다.
❼ 오르는 중에 다시 한 번 쉬었다 간다. 박스권 E다. 그런데 자세히 보면 박스권 C까지 내려오지 않는다. 그 위에서 박스권 E를 만든 뒤 본격 상승 추세로 전환한다.

어떤가? 박스권 A, B, C는 비슷한 높이에서 계속 반등이 나오는 모습을 보여준다. 역시 박스권은 힘이 있다는 말이다(물론 절대적인 건 없다.). 그리고 급락 + 급반등과 결합된 지점인 D를 보자. 박스권 A와 B의 저점을 일시적으로 깨뜨렸다가 다시 급등이 나온다. 그리고 D를 기점으로 본격 상승이 시작된다. 만일 우리가 이를 법칙까지는 아니어도 높은 확률로 그럴 가능성이 있다고 본다면 언제 사야 하는지, 나아가 언제 팔아야 하는지 예상해볼 수 있다.

❶ 박스권에서 저점을 잘 잡아준다면 가급적 박스권 제일 아래에서 매수한다. 저점을 잘 잡아준다는 말은 더 이상 하락하지 않도록 누군가 물량을 받쳐두고 매수를 한다는 말이다. 이 경우, 매도 시점은 전 고점 부근으로 잡을 수 있겠다.
❷ 박스권을 아래로 이탈했다가 빠른 시간 안에 다시 가격대를 회복하면 머지않아 전 고점을 돌파하는 움직임이 나올 것으로 예상하고, 가격을 회복하는 시점에 맞춰 매수할 수 있다. 그런데 이번에는 매도 시점이 조금 다르다. 일단 전 고점 돌파는 기본으로 깔고 간다.

주목

이 차트에서 2가지 주목할 게 있다.

❶ 고점이 높아진다 : 박스권 A, B, C의 가격대는 비슷하다. 그런데 자세히 보면 A, B, C 박스권의 고점이 조금씩 높아지고 있다. 급등이 나온 날의 고점이 아니라 표시한 박스권의 상단을 자세히 보자. 미세하지만 가격이 높아진다. 누군가 위로 더 사고 있다는 말이다. 박스권이 이런 식으로 조금씩 높아지는 것을 '박스권의 계단식 상승'이라고 하는데, 세력이 주가의 수준을 단계적으로 조금씩 올릴 때 나타난다. 달리 말해, 이런 패턴이 등장하면 주가 상승을 예측해 볼 수 있다는 말이다.

❷ 왜 안 가? : 이 차트에서 가장 고민스러운 지점이 어딜까? 박스권 E다. 이전 박스권과 달리 상승과 하락폭이 좁다. 움직임이 별로 없고, 주가도 상대적으로 높다(박스권 A, B, C에서 매수했던 사람들이라면 더 그렇게 느낄 것이다. '이 종목이 안정적으로 유지하는 주가보다 높다! 불안하다!'). 물량이 적으면 괜찮지만 좀 많이 들고 있다면 팔기도 마땅치 않다. 평균단가가 낮아서 아직은 수익 중이라도 움직임이 없으면 지루해지기 마련이다. 왜 빨리 안 가는 거야? 그렇게 마지막으로 개미를 쫓아내려고 세력은 주춤댄다. 상승의 마지막 관문은 대개 이렇다. 세력은 우리를 심리적으로 쫓기게 만든다. 그런데 다음 그림을 보자. 앞에서처럼 박스권을 여러 개로 잘게 쪼갤 수도 있지만 아래 차트 13처럼 전체 그림으로 볼 수도 있다. 뭐가 보이는가? 그동안의 상승과 하락이 거대 박스권을 탈출하기 위한 과정임을 알 수 있다. 만일 이런 큰 그림을 볼 수 있다면 박스권 어느 곳에서 사든 수익 아닌 곳이 있으랴. 실상 정확한 매수 타점을 잡는 것보다 상승의 큰 그림을 보는 게 더 중요하다는 말이다.

[차트 13] 전체 그림으로 보면 매집이 더 분명히 보이고, 따라서 한결 기다리기 쉬워진다. 세세하게 분석하는 것도 중요하지만 전체 그림이 훨씬 더 중요하다. 매집을 찾아라.

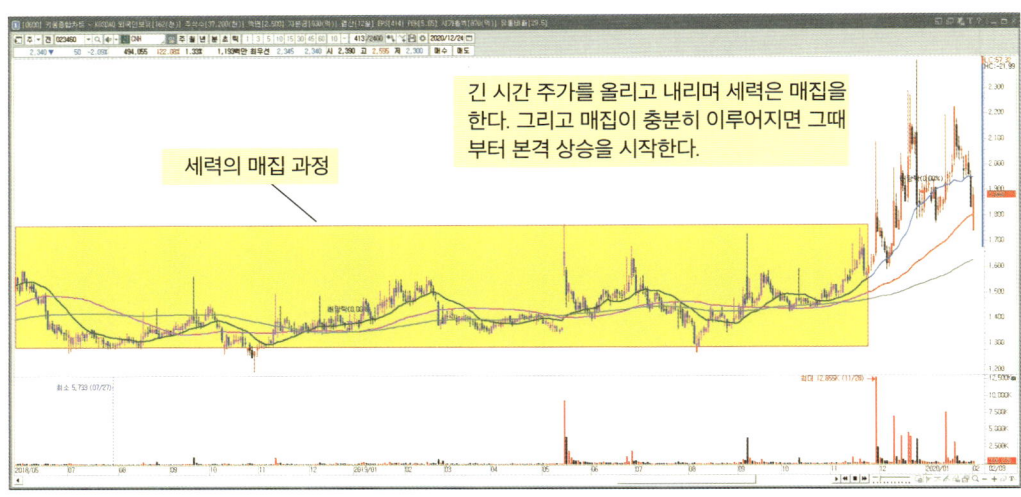

> ### mimir summary
>
> – 이번 장에서 우리는 언제 살 것인지 살펴보았다.
>
> – 매물대는 매수뿐 아니라 매도를 결정할 때도 중요한 기준이 될 수 있다.
>
> – 세력은 상승을 앞두고 몇 가지 징조를 보인다. 그 징조를 읽어내면 매수 매도 시점을 보다 잘 잡을 수 있다.
>
> – 단, 지금 이야기하는 것들은 일반론이다. 상황에 따라 매수 매도 시점은 얼마든지 달라진다. 그건 <기법편>에서 다룬다.
>
> – 그 전에, 우리는 세 가지 습관을 갖도록 노력해야 한다.
>
>   하나, 모든 차트 뒤에 숨어 있는 세력 찾기
>
>   둘, 돌파가 나오면 팔기
>
>   셋, 원하는 가격대까지 떨어지길 기다려 사기
>
> 이건 정말 기본 중의 기본이다. 이제 1장의 내용을 조금 더 깊게 들어가 보자.

**잠깐!
왜 세력인가?**

1
왜 매집 종목을 공략해야 할까?

　미미르 매매법은 1) 매집 종목을 찾아 2) 안전한 자리에서 매수하는 게 핵심이다. 그러나 이렇게 말로 하는 것보다 몇 개의 차트를 보는 게 더 나을 것 같다. 아래는 수익을 낸 종목 가운데 일부다. 매집을 눈으로 익히기 좋아서 몇 개 뽑아 보았다.

종목 [우리들제약]

차트 14를 보자. 종목 [우리들제약]을 발견한 시점은 2020년 4월이다. 이때부터 추적 관찰을 시작하여 '내가 원하는 징조'가 나타나기를 기다렸다. 이후 매집으로 판단되는 흐름이 나왔고, 7월 31일에 장대양봉이 나오면서 수익을 거두었다.

[차트 14] 이 종목을 발견했던 시점을 기준으로, 이전 흐름과 과거 매물대를 같이 본다. 이를 통해 매집인지 아닌지 살펴서 판단한다. 그리고 때를 기다린다.

종목 [조광피혁]

아래 차트 15는 종목 [조광피혁]이다. 이 종목 역시 매집에 기반을 두고 수익을 거두었다.

[차트 15] 매집을 확인하고 카페에 주시하라고 추천했던 종목이다.

종목 [동양물산]

차트 16의 [동양물산]도 마찬가지. 매집 이후 상승 추세를 만들며 전 고점을 돌파하는 모습을 보여준다.

[차트 16] 2019년 12월의 전 고점을 돌파하며 상승한 종목 [동양물산]

간략히 소개한 이 세 종목은 모두 매집 종목이다. 더 많은 매집 종목을 보고 싶다면 네이버 카페 〈주식 네 이놈〉에 추천한 종목들을 보라. 모두 매집 종목이다. 긴가 민가 하는 종목은 절대 추천하지 않는다. 매집이 확실히 보일 때 카페에 추천하기 때문에 실패가 없다(경우에 따라 수익을 내기까지 오래 걸리는 종목이 있기는 하다.). 카페 회원들의 생각은 어떨까? 아래 인용한 글은 일면식도 없는 분들이 올린 글이다. 나와 아무런 사적 관계가 없는 분들이다. 그런데 이런 글들을 올린 이유는 뭘까? '매집 = 수익'이라는 공식을 신뢰하기 때문이 아닐까?

> "책 초기에 사서 가입하고 공부하고 배워가고 있습니다. 책 읽기 전에도 여러 곳에서 배웠었는데 미미르님 책 읽기 전과 후는 수익률이 완전히 다르네요. 몇 100프로는 아니지만 손해 본 적 하나 없이 늘 수익 보고 있어요. 정말 감사드리고 다음 나올 책도 기대 중입니다."

"주식세계의 의사선생님이서요!"

"새벽에 잠 안 자고 깨어 있으면 신랑이 참 싫어했는데 요즘 미미르님 책 본다고 깨어 있으니 암말 않더라고요. 얼른 읽고 또 읽고 해서 제꺼 하고 싶은 책입니다."

인용한 글들의 출처는 모두 네이버 카페 〈주식 네 이놈〉이다. 〈주식 네 이놈 : 기법편〉을 읽거나 혹은 내가 카페에 쓴 글들을 읽으며 변화를 겪은 분들이 카페에 올린 글이다. 주식 실력이 늘기 위한 첫 걸음은 '믿음'이라고 생각한다. 미미르를 믿으라는 게 아니다. '매집 = 수익'이라는 간단한 공식을 믿어보라는 얘기다. 그 믿음에 더해 매집 찾는 눈을 기르고, 좋은 자리에서 들어가는 기술을 연마하면 그저 수익만 거두는 게 아니라 몰라보게 달라진 수익률을 달성하게 될 것이다.

테마주에 대하여

위에 소개한 세 종목에는 '매집' 말고 또 하나의 공통점이 있다. 세 종목 모두 문재인 테마주라는 사실. 지금은 너무 빠른 이야기지만 매집을 알고 나면 이제 다른 키워드들이 눈에 들어오게 될 것이다. '테마주'도 그 중 하나. 같은 테마에 속하는 종목들이 번갈아가며 매집 형태를 보인다면 해당 테마가 머지않아 크게 상승할 가능성이 높다는 의미가 된다. 실제로 [우리들제약]을 필두로, [조광피혁], [동양물산] 등이 차례로 상승 조짐을 보였다. 무슨 말인가? 새로운 대선 주자로 갈아타기 위해서 마지막 불꽃놀이를 할 수 있다는 얘기다. 과거에도 그랬다. 안철수 테마주였던 종목 [프리엠스]가 이재명 테마주로 바뀐 적이 있다. 박근혜의 동생 박지만이 최대주주인 종목 [EG]는 박근혜 대선 출마 때는 박근혜 테마주 대장으로 달리던 놈이다. 박근혜가 정계에서 퇴출된 지금은 어떨까? 희토류 테마, 수소차 테마 등에 합류하며 다시 조짐을 보이고 있다. 이 테마들은 흥미롭게도 문재인의 핵심 사업들이다. 정치계에서는 철새라고 손가락질을 받을 일이다. 그러나 세력들은 저물어가는 테마에 매달리거나 연연하지 않는다. 그들은 수익을 거둘 만한 테마라면 언제든 쉽게 손바닥을 뒤집는다. 외교에 영원한 적도 친구도 없듯이, 한 테마에 영원히 발 담그는 세력도 없다. 테마주에 눈을 뜨면 또 다른 주식 세계가 열린다. 기억만 해두고 넘어가자. 지금은 기초를 닦을 때다.

2
세력이 없으면
주가가 진짜 안 오를까?

많은 분들이 질문하는 내용이다. 이 질문에 대한 답변은 그때그때 다르다. 개별 조건을 다 살필 수는 없고, 일반적인 경우를 살펴본다.

우선 세력이 없는 종목부터 찾아야 한다. 어떤 종목이 세력이 없을까? 총주식수(=상장주식수)가 적은 우선주가 좋은 예시가 된다(우선주 = 의결권이 없는 대신 이익배당이 높은 주식이다. 종목 [삼성전자]의 우선주는 [삼성전자우]이고, 종목 [현대건설]의 우선주는 [현대건설우]다. 종목 뒤에 '우' 자가 붙어 있으면 우선주를 가리킨다. 2020년 하반기에 우선주가 광풍이 부는 기현상이 벌어지며 일반에도 잘 알려졌다. 그러나 지금까지 우선주는 총주식수도 적고, 거래도 별로 없었다. 현재도 거래 없는 우선주가 많다. 여기서는 일반적인 의미의 우선주를 얘기한다.)

거래 없는 종목의 특징

❶ 누군가가 관심을 가지고 사주기 전에는, 그 종목은 거래가 일어나지 않는다. 관심을 갖는 사람이 적다는 말은 매수하는 사람이 없다는 얘기다. 당신이 팔고 싶어도 사는 사람이 없으니 원하는 가격에 못 파는 건 기정사실이고, 심지어 단 1주도 못 팔 수도 있다.

❷ 관심 있는 사람이 없을 때는, 매수하려는 사람의 희망 가격과 매도하려는 사

람의 희망 가격이 격차를 보인다. 나는 1,300원에 팔고 싶은데 그는 1,000원에 사겠단다. 거래가 이루어지지 않는다. 무조건 사거나 무조건 팔아야 하는 경우라면 1,300원에 사야 하고, 1,000원에 팔 수밖에 없다. 1,300원과 1,000원은 거의 상한가와 하한가를 오가는 가격이다. 한 주씩만 사고팔아도 상한가와 하한가가 만들어진다.

❸ 파는 사람도 없고, 사는 사람도 없는 종목은 단 100만 원만 있어도 상한가를 만들 수 있다. 매도 호가창에 걸려 있는 주식이 100만 원도 안 될 수 있다는 말이다. 심지어 단 1주로 상한가 친 종목을 본 적도 있다. 반대로 1주로 하한가를 가는 경우도 얼마든지 나올 수 있다.

개미만 있을 때

세력이 없는 차트는 어떤 모습일까? 세력이 없고 개미만 있을 때는 종목 [넥센타이어] 우선주와 같은 차트가 만들어진다.

[차트 17] 개미만 있을 때 차트는 어떤 모습일까?

뭔가 차트가 이상하다. 전체적으로는 계단식 하락이 일어나지만 중간 중간 이상한 모습이 연출된다. 거래량이 없는데 갑자기 윗꼬리 긴 양봉을 만들기도 하고,

갭상승이나 갭하락이 나오기도 한다. 그나마 거래량이 많았던 날이 하루 있는데 그마저 15만 주를 조금 상회했을 뿐이다.

거래는 하루에 몇 차례 없는 경우가 대부분이다. 호가창에도 걸려 있는 물량이 띄엄띄엄 떨어져 있다. 아래 호가창은 종목 [소프트센우]의 2020년 12월 18일 장 마감 때의 호가창이다. 종가는 33,050원인데 사려는 물량, 즉 매수 총잔량이 161주이고, 팔려는 물량, 즉 매도 총잔량이 116주다. 당일 거래량은 1,021주다. 당일 고점 가격은 33,300원(-1.04%)이고 종가는 당일 저가다. 하루 등락폭이 0.74%다.

일괄취소	상한	시장가주문		취소주문	
		43,700			
	기타매도	▲	중앙		
	1	33,500	-0.45%		
	1	33,450	-0.59%		
	1	33,400	-0.74%		
	1	33,350	-0.89%		
	85	33,300	-1.04%		
	2	33,250	-1.19%		
		33,200	-1.34%		
	10	33,150	-1.49%		
		33,100	-1.63%		
		33,050	-1.78%		42
33,050	31	33,000	-1.93%		94
33,050	180	32,950	-2.08%		2
33,150	300	32,900	-2.23%		2
33,200	126	32,850	-2.38%		10
33,250	26	32,800	-2.53%		6
33,200	30	32,750	-2.67%		1
33,250	5	32,700	-2.82%		1
33,250	88	32,650	-2.97%		2
33,300	3	32,600	-3.12%		1
33,300	22	32,550	-3.27%		
취소주문		▼	중앙	기타매수	
		23,600		하한	일괄취소
	116	16:00:00	+45	161	
		시간외		6	

이런 이유 때문에 일봉 배열 모습이 거슬린다. 곡선처럼 매끄럽게 연결된 방식이 아니라 중간이 비어 단절된 형태다. 중간에 갑자기 큰 거래량이 나타나는데 누군가가 모처럼 지친 개미들 물량을 사주겠다고 매수 물량을 쌓아 놓거나, 듬성듬성 걸려 있는 매수 주문에 시장가로 집어 던진 것으로 보인다. 이렇게 지지부진하던 종목은 세력이 활동하기 시작하면서 우리가 흔히 보는 차트의 모습으로 변모해 간다. 차트 정상화다.

거래량도 없는데 일봉이 길쭉길쭉한 이유가 혹시 궁금할까? 매도 희망가격과 매수 희망가격의 차이가 큰데 누군가 '에이, 그냥 사자.' 하고 희망가보다 높게 사거나 혹은 '에이, 그냥 팔자.' 하고 희망가보다 훨씬 낮은 가격에 팔았다는 뜻이다. 그래서 일봉은 높낮이가 있지만 거래량이 없는 것이다.

12일 연속 상한가

그런데 똑같이 거래량 없는 종목이라도 누군가 장난을 칠 때는 조금 다른 모습이 나타난다. 아래 차트는 종목 [지코]가 상한가와 하한가를 번갈아 만드는 모습이다.

[차트 18] 차트의 좌측을 보자. 계속 상한가다. 우측을 보자. 계속 하한가다. 무슨 일인가?

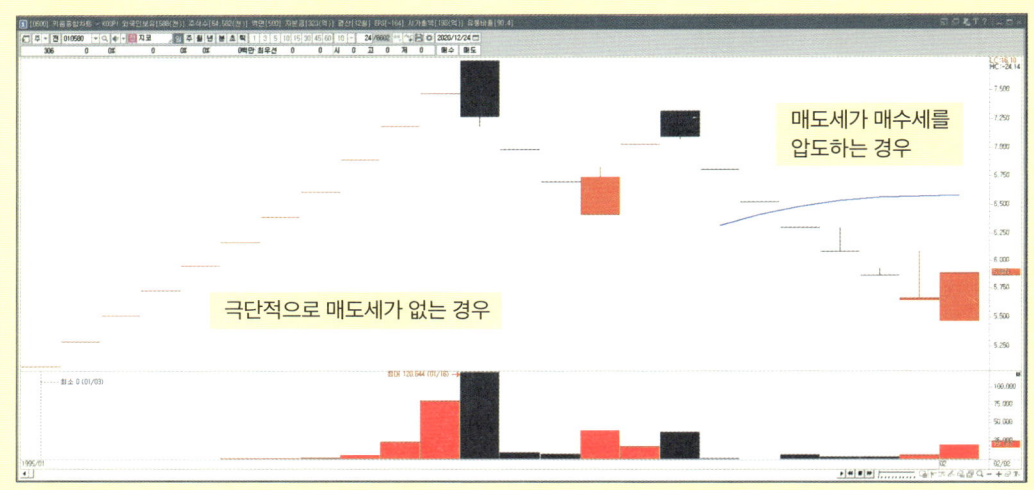

종목 [지코]의 25년 전 차트다. 당시는 상한가, 하한가가 15%였던 시절이다. 차트 왼쪽을 보면 일봉이 아니라 선 하나만 그어져 있다. 점상한가다. 무려 12일 연속 상한가 행진이 이어졌다. 그런데 거래량은? 0인 날도 많고, 45주인 날도 있다. 차트상 최고가는 7,758원이다. 50만 원만 있으면 상한가를 만들 수 있다는 얘기다. 팔려는 사람이 거의 없을 때 조금만 사도 이렇게 점상한가가 나온다(거래량이 적어 보이는 이유는 감자 때문일 수 있다.).

아래 종목 [신라섬유]의 2000년 초반 차트에서는 더욱 기가 막힌 모습이 나온다. 차트에 그어져 있는 선이 모두 점상한가다. 거래량이 많아서 점상한가가 아니다. 아래 거래량 지표를 보면 가장 많았을 때가 6만 주다. 상한가 행진이 이어질 때는 몇 천 주로 상한가가 가능했다.

[차트 19] 종목 [지코]보다 더한 모습을 보여주는 종목 [신라섬유]

12일 연속 하한가

반대로 파는 사람이 많고(매도세가 강하고) 사는 사람이 적을 때(매수세가 약할 때)는 점하한가가 나온다. 이론적으로는 사는 사람이 한 명도 없고, 누군가 팔겠다고 하한가에 1주만 내놓았는데 그걸 누가 사버리면 당일 주가는 하한가가 된다(주식을 일종의 힘겨루기로 본다면 매도세와 매수세 중 어떤 힘이 강한가에 따라 주가가 결정된다고 말할 수 있다. 힘이 팽팽하면 주가는 변동이 없을 것이고, 매도세가 강하면 하락을, 매수세가 강하면 상승을 한다. 매도세가 극단적으로 강하면 하한가가 되고, 매수세가 극단적으로 강하면 상한가가 된다.).

같은 종목 [지코]의 다른 연도인 1988년도 상황이다. 이때는 12일 연속 하한가 행진을 이어간다.

[차트 20] 팔려는 사람은 있는데 사려는 사람이 한 명도 없을 때 주가는 곤두박질친다.

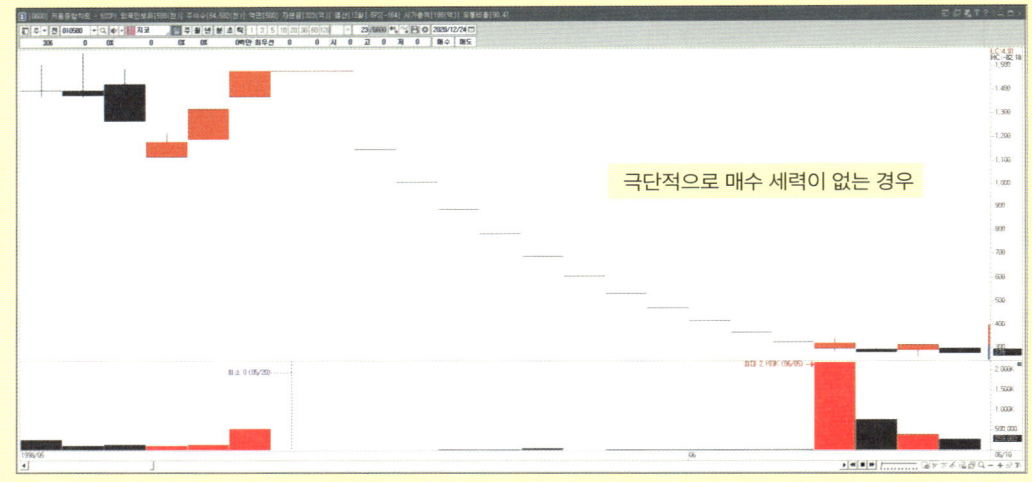

거래량만으로는 알 수 없는 세력의 존재

종목 [지코]와 [신라섬유]는 거래량은 적지만 세력이 활동할 때 나타나는 모습을 잘 보여준다. 종목 [현대비앤지스틸우]도 마찬가지다. 차트 21의 마지막 일봉이 나온 날은 거래량이 11주였고, 차트 22의 마지막 일봉 거래량은 627주였다. 거래량만 보면 아무도 없는 것 같다.

[차트 21] 마지막 일봉의 거래량 11주. 거래량만 보면 죽은 종목이다.

[차트 22] 며칠 뒤의 모습인데 차트상 마지막 일봉의 거래량은 627주였다. 여전히 별 볼 일 없어 보인다.

그런데 차트의 모양을 보면 개미들만 거래를 하던 [넥센타이어우]와 다르다. 우리가 일상적으로 보는 차트답다. 이런 차트의 모습에서 누군가 주가를 관리하는 사람이 있다는 걸 짐작케 한다. 실제로 아래 차트를 보면 며칠 뒤 상한가를 가는 모습을 연출한다.

[차트 23] 상한가가 나온 날 거래대금이 26억을 기록했다. 이게 개인인가?

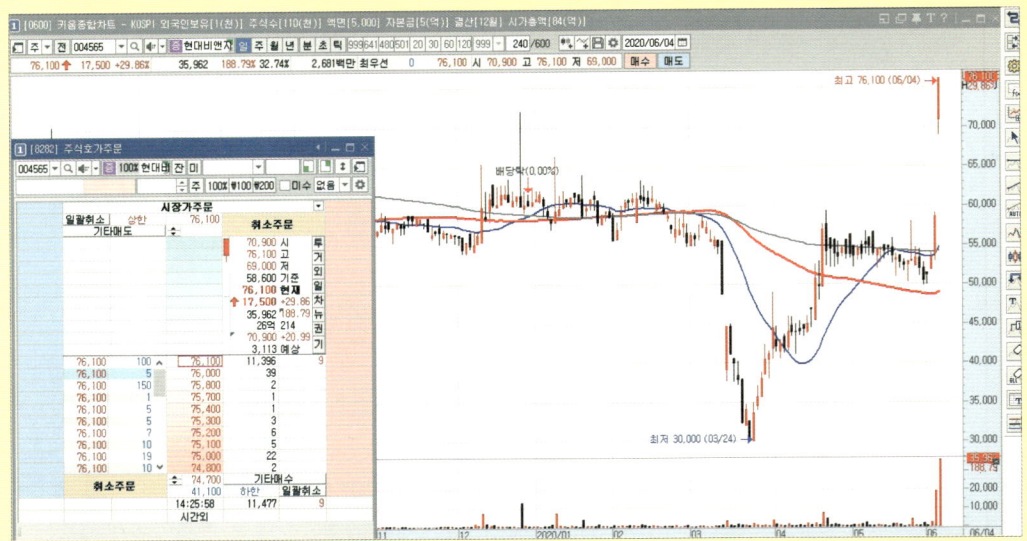

차트 마지막 이틀을 보면 거래량이 늘어 있다. 처음 거래량이 나온 날 갑자기 하루 거래량이 2만 주가 넘으며 장대양봉으로 끝났고, 다음날은 장 시작하자마자 21% 오른 70,900원으로 시작해서 4분 만인 9시 4분에 상한가에 도달했다. 호가창을 보자. 상한가에 걸려 있는 매수 대기 물량이 11,000주가 넘는다. 이 정도 잔량이면 상한가가 무너질 것 같지 않다.

[차트 24] 상한가가 나온 날 10초봉의 모습. 초봉은 1초에 한 개씩 봉이 만들어진다. 10초봉 차트는 10초에 하나씩 봉이 만들어지는 차트다. 하루 거래량이 11주에 불과하던 종목이 세력이 개입하자 4분 만에 19,670주가 거래되겨 상한가에 도달했다.

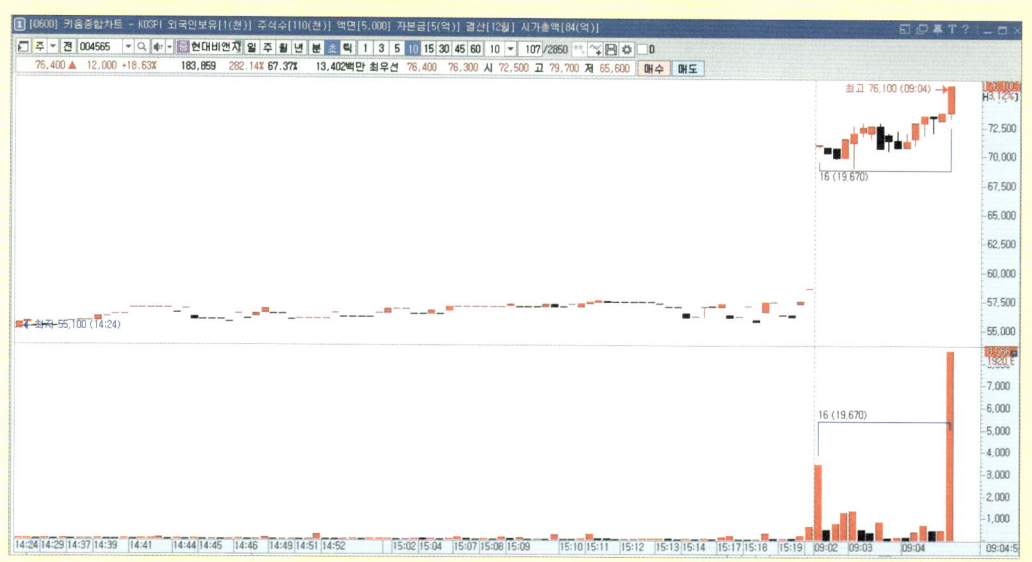

정리하면서, 질문에 답을 해야 할 것 같다. 세력이 없으면 상승이 나오질 않을까? 절대 안 나온다. 그 어떤 세력도 1) 낮은 가격에 모아서 2) 가격을 높여서 판다는 기본 전략에서 벗어나서 돈을 버는 방법이 없다. 따라서 세력의 존재는 가격 상승을 통해서 최종 확인이 가능하다. 물론 개인이 들어가서 세력처럼 주식을 모은 뒤 주가를 올려 팔 수도 있다. 그러면 그 개인이 세력이 된다. 그런데 거래대금에서 보았듯이 26억을 핸들링해야 하는데 이게 생각처럼 쉬운 일일까? 개인이 자기 자금으로 하는 일일까?

세력 네 이놈!

2장

| 세력을 이해하기 위한 4가지 포인트

첫 번째 포인트

개미들의 물량을
어떻게
빼앗지?

1
세력도 시간에 쫓긴다

세력 없는 종목은 없다. 최소한 나는 그렇게 생각한다. 이 말이 거슬리면 '거의 없다'고 해두자. 그런데 이 말은, 당신이 어떤 종목을 고르든 '거의' 모든 종목에서 세력을 발견할 수 있다는 뜻이 된다. 세력 찾기? 이렇게 쉽다. 그런데 단지 세력을 찾는 건 우리 목적이 아니다. 조금 더 정확히 말하면 '매집'을 찾는 게 목적이고, 완전히 정확히 말하면 세력이 어느 시점에서 상승을 시작할지 그 타이밍을 찾는 게 진짜 목적이다. 세상 모든 기법은 다 이 타이밍을 찾는 걸 목표로 한다.

일반적으로 세력의 상승 시점을 알기 위해 가장 많이 활용하는 게 일봉과 거래량 분석이다. 주가가 현재 어떤 위치에 있는지, 거래량이 어느 정도인지 분석하여 때가 무르익었음을 확인하는 게 핵심이 된다(일봉이나 거래량 외에도 이평선, MACD 등등 보조지표를 활용하는 경우도 있지만 일봉과 거래량 분석이 가장 중요하다고, 나는 생각한다.).

그렇게나 중요한 '상승 타이밍 찾기'는 세력의 습성을 이해하는 데서 출발한다. 세력의 생각을 읽어낼 수 있다면 세력이 언제 출발하려고 하는지도 감을 잡을 수 있지 않을까? 어떤 의미에서는 이런 의도 읽기가 기법보다 더 중요하다. 기계적인 수치로 타이밍을 잡는 기법들도 결국은 세력들의 이런 의도를 찾기 위한 것이므로.

먼저 지금까지 내용을 다시 정리해 보자.

"세력"은 어떤 의도를 갖고 있는가?

❶ 세력은 주식을 싸게 사려고 한다.
❷ 싼 값에 충분히 물량을 모으려고 한다.
❸ 비싸게 팔기 위해 주가를 올린다(급등).

1번 관련, 흥미로운 사실 가운데 하나는 개미들은 '싸게' 사질 않는다는 점이다. 주가가 떨어졌을 때는 별로 관심이 없다. 가격이 높아져야 관심을 갖는다. 그런데 세력은 싸게 산다.

2번, 충분히 많은 양의 주식을 사지 못하면 주가를 올릴 수 없다. 아니, 정확히 말하면 올릴 수 없는 게 아니라 올리면 안 된다. 충분히 모으지 못한 채 주가를 올리면 어떤 현상이 발생할까? 수익이 난 주주들이 팔기 시작한다. 그때 누군가 매도 물량을 받아주지 않으면 어렵게 상승한 주가가 곤두박질친다. 세력도 팔아야 하는데 개미 좋은 일만 시켜주고 있다. 개미들이 던지는 물량을 받으면 된다고? 미친 짓이다. 높은 가격에서 매집은 너무 힘들다. 매집 수량이 많아야 하는 세력으로서는 단가가 조금만 올라도 매수 금액이 엄청 올라가서 큰 부담이 된다. 그래서 목표로 하는 가격까지 올리기 전에 최대한 개미들 물량을 빼앗는다. 가격 하락을 유발시키는 개미들의 매도를 막기 위해서다. 이를 위해 '싸고 은밀하게' 매집을 진행시킨다.

여기까지는 앞에 이야기한 내용을 재차 정리해 본 것이다. 그런데 변수가 등장한다. 현실적인 문제다. 비용이다. 매집을 하는 동안 많은 자금이 투입되는데 여윳돈 갖고 하는 것도 아닐 테고, 이자비용이나 기회비용이 늘어난다(이 돈으로 차라리 부동산 투자하는 게 더 나았을 텐데!). 계산기를 두드려보니 너무 장기간 끌고 가면 오히려 손해가 될 수도 있을 것 같다. 그렇다, 세력도 시간에 쫓긴다!

"아니, 왜들 안 팔아? 주가 좀 흔들어 봐!"

갈 길 바쁜 세력의 심정이다.

앞에서 우리는 '싸고 은밀하게' 매집하는 게 세력이라고 했다. 그런데 현실적인 이유에서 세력은 '싸고 은밀하게'가 안 될 때가 있다는 점을 안다. 시간을 끌수록 수익이 줄어든다. 이 문제를 해결하기 위해 세력은 어떻게 할까? 개미들이 빨리 물량을 버리고 나갈 수 있도록 주가에 변동폭을 준다. 올렸다 내렸다 하면서 '이래도 안 팔아?' 할 수도 있고, '개미들아, 약간 이익 줄게 먹고 나가.' 할 수도 있다. 그래서 어떤 일이 벌어지는가 하면 아래 차트 25처럼 갑자기 윗꼬리 달린 일봉 형태로 주가를 급등시키는 모습이 연출된다.

[차트 25] 차트에 노란색 동그라미를 친 부분은 세력의 존재를 가늠케 하는 흔적이다.

소개하는 종목은 [프리엠스]다. 2019년 7월부터 2020년 1월까지의 흐름을 보자. 완만하게 하락하고 있다. 그런데 가끔 거래량이 크게 터지며 급등이 나왔다(차트 아래쪽에 노란색 원으로 거래량에 표시했다. 거래량 보는 습관을 들이자.). 때로는 윗꼬리 긴 양봉일 때도 있고, 때로는 장대음봉일 때도 있다. 이게 뭘까? 기간으로 보면 약 6개월 정도인데 이 기간 동안 총 4차례의 급등이 나왔다. 종종 급등이 나오는데 왜 하락 추세는 멈추지 않을까? 개미들의 물량을 빼앗기 위한 작업 중이라는 얘기다. 개미 물량을 충분히 빼앗기 전까지는 절대 상승 추세로 전환하지 않는다. 이후 흐름은 어떻게 되었을까?

[차트 26] 종목 [프리엠스]의 이후 진행 과정. 엄청난 상승이 나왔다.

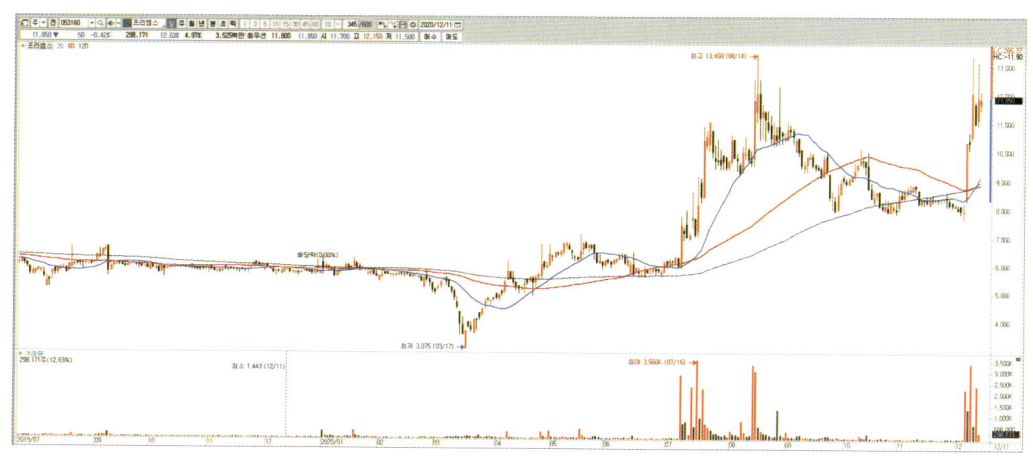

차트 27의 종목 [케이씨에스]도 똑같다. 표시한 4개의 봉은 거래량을 동반하며 상승이 나왔던 때다.

[차트 27] 종목 [케이씨에스]도 동일한 매집 과정을 보여주고 있다.

그런데 공교롭게도 4개의 봉이 모두 '윗꼬리 긴 일봉'이다. 아래쪽에서 나오는 윗꼬리 긴 일봉은 매집일 가능성이 더욱 크다. 개미에게 팔 기회를 주면서 모아간다. 이후 어떻게 되었을까?

[차트 28] 박스권에서 매집을 마친 뒤 급등을 연출하는 모습.

일단 2020년 3월의 폭락장(오른쪽 노란색 박스 구간)에 대해서 이해가 필요하다. 이때는 코스피, 코스닥뿐 아니라 전 세계 수많은 종목들이 급락을 연출했다. 그런데 이 하락장에서도 언젠가는 다시 반등할 거라고 믿을 수 있었던 건 그 앞의 노란색 박스권에서 이루어진 매집 때문이었다. 이런 매집이 있다면 하락이 그렇게 겁나진 않는다(단, 뜻하지 않은 하락에 대비, 분할 매수를 할 수 있는 준비가 필요하다.).

2
물량을 빼앗는 3가지 방법
❶ 회유

매집이 뭘까? 싸게 사서 모아가는 것이다. 2% 부족한 정의다. 한마디를 추가하자. 매집이란, '개미가 갖고 있던 주식을' 싸게 사서 모아가는 것이다. 한마디로 개미 물량 뺏기다.

개미들은 아직 팔 생각이 없다. 그렇다면 팔게 만들어야 한다. 어떻게 할까? 3가지 방법이 있다. 회유, 협박, 방치다. 먼저 '회유'다.

❶ 회유 : 후다닥 해치우고 싶은 세력의 매집 방법

회유는 바쁜 세력이 쓰는 매집 방법이다. 자금은 충분하다. 자잘한 수익에 연연하고 싶지 않다. 빨리 수익을 내고 끝내고 싶다. 시간을 질질 끌며 고생하느니 속전속결로 해치우고 다른 종목으로 갈아타는 게 득이다. 그렇게 판단을 마쳤다. 그러면 어떻게 할까? 통 크게 개미가 원하는 걸 준다. 옛다, 수익이다!

[차트 29] 종목 [한진중공업홀딩스]다. 매집 흔적 없이 하락을 이어가다가 갑자기 미친듯이 상승-하강을 반복하고 있다.

종목 [한진중공업홀딩스]가 좋은 사례다. 이전 차트 움직임부터 보자. 거래량도 없다. 매집도 없다. 그러다 2020년 3월 어느 날 갑자기 거래량이 크게 터진다. 장중 상한가를 필두로, 길쭉한 음봉과 양봉을 번갈아 만들고 있다. 참고로 거래량이 들어온 날부터가 진짜라고 본다. 이전에 만들어진 모습에서는 주목할 만한 거래량이 없다. 그러나 3월의 장대양봉에는 거래량이 있다.

암튼, 이렇게 하루 양봉 하루 음봉을 번갈아 만드는 극적인 형태는 전형적인 매집이다. 그 움직임이 8일간 지속되었다. 무슨 말인가? 거래량이 전혀 없는 종목이라서 팔고 싶어도 팔 수가 없었던 개미들에게 갑자기 기대치 않았던 기회가 왔다는 말이다. 그것도 마치 바겐세일 기간이라도 되는 듯이 2주 동안 기회가 주어진다 (물론 너무 고점에 물려 있는 개미라면 이야기가 다르겠다.). 이런 움직임이 마음 급한 세력의 회유책이다. 수익 줄 테니 얼른 팔고 나가!

대응법

이런 종목은 어떻게 대응해야 할까? 8일간의 불꽃놀이까지는 알겠다. 어떻게 접근해야 할까? 일단 거래량 폭발 이전 시점으로 돌아가서 살펴본다. 매집 흔적이 있는가? 없다. 거래량이 없다. 이 말은 8일간의 불꽃놀이가 매집 '초기'라는 말이다(짐작하다시피 매집은 초기, 중기, 말기 등으로 구분이 된다는 얘기다.). 초기 매집 때는 종종 급락이 나온다. 그래서 관심종목에 넣고 지켜보기로 했다. 왜? 매집을 하고 곧장 오르는 경우보다는 매집 후 일단 하락을 시키는 종목이 더 많기 때문이다.

달콤한 유혹에 이어 급락이 찾아온다. 아래 차트 30은 8일간의 미친 듯한 움직임 뒤에 4일 동안 이어진 하락을 보여준다.

[차트 30] 4일간 이어진 하락의 의미는 뭘까?

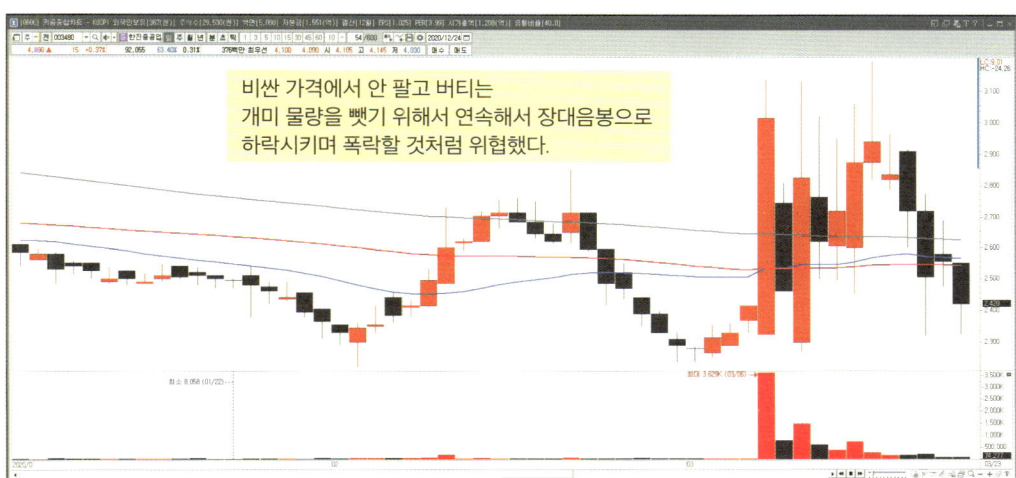

뭔가 시작되었다고 느끼는 개미들이 있다. 안 팔고 버티는 개미들이 있다. 세력들은 오랜 눈칫밥으로 그걸 잘 안다. 작지만 수익을 주겠다는데도 안 나가고 악착같이 버티는 개미가 있다는 걸 세력들도 잘 안다. 이 개미들을 죽여야 한다. 그래서 필요한 하락 구간이다. 주식을 보유 중인 개미로서는 겁이 나지 않겠는가? 그런데 내 입장으로 보면 아직은 반등이 나올지 안 나올지 알 수 없다. 나는 관망세를 유지한다. 그럼 무얼 기다려야 할까? 4일 연속 음봉이 나오다가 5일째 처음 양봉이 나왔다. 그리고 차트 31처럼 내가 원하는 모습이 나올 때까지 기다린다(이게 왜 신호탄인지 설명하려면 또 책 한 권이다. 〈기법편〉 참조하자.).

[**차트 31**] 드디어 '더 이상의 하락은 없다, 급등이 임박했다'는 확신을 주는 차트 모양이 나왔다. 그럼 뭘 해야 할까? 분할 매수 한다.

[**차트 32**] 인심 좋게 후한 가격에 매집을 한 뒤 점차 가격을 올려서 마지막 개미 털기를 마친 뒤 상한가를 만들며 급등하는 모습이다. 점진적 상승은 한 달에 걸쳐 이루어졌다. 이런 상승도 매집의 한 방법이다. 꼼꼼하게 마지막 한 주까지 다 뺏기 위해 써먹는 방법이다. 카페 회원들은 매집을 믿고 기다렸고, 매수 후 20일 만에 최고가가 4,870원까지 올라서 최대 90% 수익을 냈다.

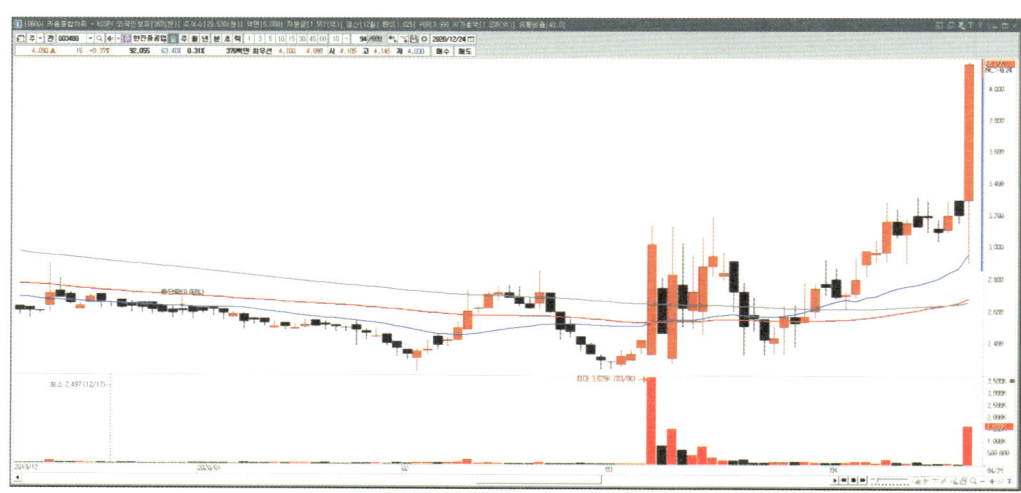

3
물량을 빼앗는 3가지 방법
❷ 협박

'내가 팔면 가더라.' 안타까운 개미의 자조다. 하락이 이어지고, 급락까지 맞으면서도 버티고 버티다가 더 이상 견딜 재간이 없어서 포기하는 심정으로 주식을 팔고 나오자마자 급등이 나오는 경우가 자주 벌어진다. 꼭 세력이 내가 팔기만을 기다리는 것 같다. 이 신기한 현상은 도대체 어떻게 설명해야 할까? 해답은 협박이다.

❷ 협박 : 달콤한 가면 뒤에 숨은 얼굴

주식 판은 탐욕과 공포가 지배한다는 말이 있다. 그런데 이 말을 조금 더 정확히 표현하면 이렇다.

'탐욕과 공포는 동전의 양면과 같다.'

개미가 협박에 시달려 손해 보고 팔아버릴 때는 분명 그 전에 탐욕을 부렸다는 얘기다.

협박의 메커니즘을 이해하려면 우리가 어떤 종목에 관심을 갖는지 그 첫 시점으로 돌아가야 한다. 생각보다 적지 않은 사람들이, 주가가 반등 추세를 만들며 오르기 시작할 때는 저게 더 오르겠느냐며 콧방귀도 안 뀌다가 상한가를 몇 번 치면 뒤늦게 마음이 급해져 추격 매수에 나선다. 하늘 뚫고 우주까지 날아갈 것 같다는 생각에 몸이 달아서 이제라도 사야 할 것 같은 기분이 든다. 욕심과 공포 사이에서 저울질하다가 드디어 욕심이 공포를 짓누른다. 불과 하루 전까지만 해도 돌다리도 두드리며 건너던 사람이 용감한 전사가 된다. 동전을 뒤집으면 공포가 있다는 생각은, 이 순간 사라진다. 바닥일 때는 소액만 매수하던 사람이 급등 추세에서 갑자기 용감해지는 경우도 자주 봤다. 엄청난 금액을 매수하기도 한다.

그래서 터무니없이 높은 가격에 매수한다. 그런데 어떤가? 내가 사면 희한하게 *꼭지가 된다. 순식간에 수십 % 손실이 난다. 심한 경우, 당일 상한가에 사서 장중 하한가를 맞는 일도 있다. 사자마자 -60% 손실이 나는 일도 벌어진다. 1천만 원이 400만 원으로 쪼그라든다.

고점에 샀다면 아직도 물려 있을 법한 종목 [바른손]이 좋은 예다.

[차트 33] 애국 테마로 급등한 종목 [바른손]이다. 첫 상한가가 나올 때만 해도 더 오르기 힘들다고 여기던 사람들이 상한가를 5번이나 연달아 치며 불과 5일 만에 주가가 4배 가까이 오르자 매수 대열에 동참했다.

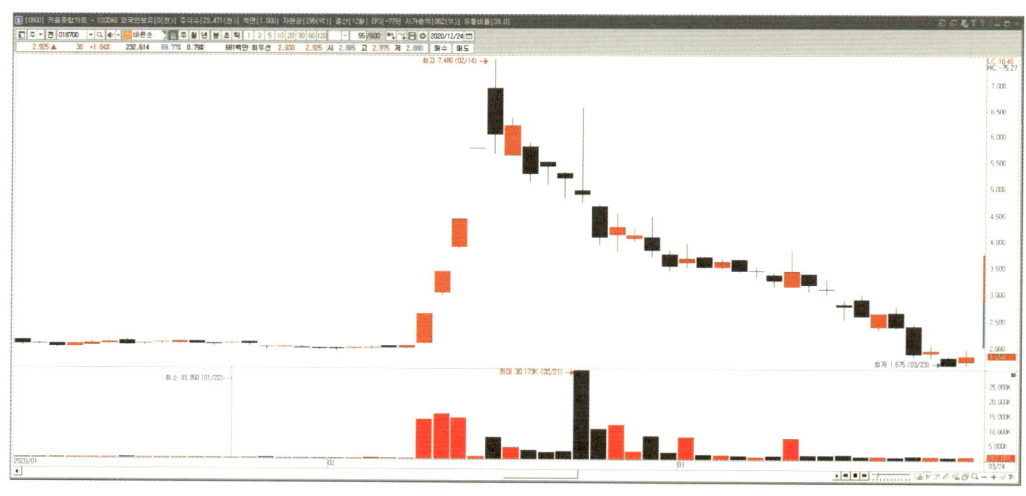

그리고 협박이 이어진다. 협박은 간단하다. 가격을 내려서 공포에 질리게 만든다. 이게 바닥인 줄 알았는데 또 내려간다. 이제 반등이 나오겠지 싶은데 또 내려간다. '1층 밑에 지하실, 지하실 밑에 또 지하실'이다. 바닥이 어디인지 모른다는 사실이 우리를 미치게 만든다. 그런 사실을 이용한 심리 전술이 하락을 지속시키며 포기하게 만드는 전략, 즉 협박이다.

　협박은 아주 보편적인 기술이며, 할 말도 참 많다. 여기서는 이 정도로 그치지만 이 책 곳곳에서 협박과 자주 만나게 될 것이다.

> **Tip**
>
> '꼭지'라고도 부른다. '상투'라고도 부른다. 주가의 가장 높은 가격을 고점이라고 하는데 고점 부근에서 사서 물려 있을 때 우리는 '꼭지에 샀다', '상투 잡았다'고 표현한다. 역시 개미 언어다. 손실 보는 개미에서 벗어나려면 수익 내는 기법이나 원리를 아는 것도 중요하지만 손실을 피하는 방법도 배워야 한다.

4
물량을 빼앗는 3가지 방법
❸ 방치

　매집을 하는 방법 중에 가장 흔하고, 가장 곤혹스런 방법이 있다. 차라리 협박이 나아 보일 때도 있다. 상승할 것처럼 차트를 다 만들어놓고, 무슨 딴 짓을 하는지 지지부진하게 질질 끄는 방법이다. 한두 달이면 기다릴 만하다. 심한 경우에는 1년을 훌쩍 넘긴다. 미칠 노릇이다.

❸ 방치 : 지치고 짜증나게 만들기

방치란 지연작전이다. 이 방법은 물론 매집 초기나 중기에도 등장하지만 어느 정도 매집을 마친 뒤에도 많이 나온다. 만일 매수 타이밍을 잘못 잡으면 장기간 고생을 할 수 있다. 종목 [세하]가 좋은 예다. [세하]의 2017년 모습을 보면서 매집으로 판단했고, 이후 2018년을 지나며 매집이 충분히 진행되었다고 결론을 내렸다. 내 눈에는 상승이 머지않아 보였고, 그래서 카페에 수도 없이 추천했다.

[차트 34] 2017년을 지나 2018년 중반을 넘어가는 종목 [세하]의 모습. 충분히 매집이 이루어졌다고 보고 추천을 했던 종목이다.

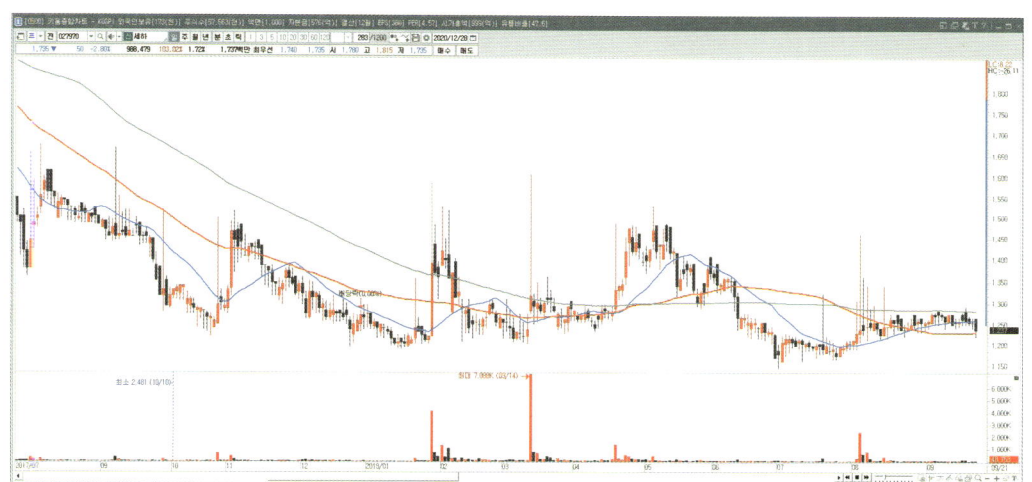

차트 34에 보이는 모든 거래가 다 매집이라고 판단했다. 카페에 처음 추천한 때는 2018년 6월이었다. 갈 것처럼 만들었다가 하락을 시작하는 시점이다. 카페에만 추천한 게 아니고 지인들에게도 좋은 종목이 나왔다고 알렸다. 그런데 10% 수준의 깜짝 급등이 나오기는 하는데 내가 기대하는 대상승은 한 번도 나오지 않았다. 이렇게 매집이 좋은데도 죽은 주식처럼 한없이 시간이 흘렀다.

[차트 35] 추천 후 반 년이 지난 모습. 갈 생각은커녕 도리어 추천했던 시점의 가격보다 낮은 가격대까지 내려갔다.

그러나 매집만큼은 확실해 보였기 때문에 오를 때가 머지않았다고 생각하고, 다시 반복해서 추천했다. 2018년 10월 30일은 가슴을 철렁이게 했던 날이었다. 장이 시작하자마자 892원까지 폭락이 나왔는데 종일 가격을 끌어올려 장대양봉을 만들고 장을 마감하는 황당한 일도 벌어졌다. 나는 손절이 없고, 도리어 하락하면 추가 매수를 한다. 추천 받은 분들도 나의 이런 투자 스타일을 알고 있기 때문에 손절한 분은 없었지만 괴롭기 그지없는 나날이었다(참고로, 매집이 없는 종목에서 하락했다고 무조건 매수를 하면 쪽박을 찰 수 있다. 매집 분석은 그만큼 중요하다.).

어느 정도 짐작하고 있었지만 이쯤에서 시인하지 않을 수 없었다. 내가 가장 두려워하는 '시간 질질 끌어 죽이기'에 걸려든 것이다. 카페 회원들과 지인들에게 여간 미안하지 않았다. 그럼에도 '시간을 오래 끌고, 더 괴롭히는 놈이 나중에 더 많이 간다.'는 마음으로 조금만 더 참고 기다리자고 매번 다독였다. 물론 내 마음은 타들어갔다.

급등이 나온 시점은 첫 추천 후 8개월째였다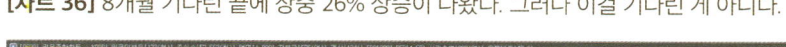. 하지만 이것도 내가 기대하던 상한가가 아니었다. 장중 26% 상승에 그쳤고, 그마저도 지켜주지 못하고 다시 급락이 나오며 장대음봉으로 장을 마감했다. 카페에 알아보니 상승이 나온 줄도 모르던 분들도 있었고, 지쳐서 수익 내고 팔아버린 분들도 있었다.

[차트 36] 8개월 기다린 끝에 장중 26% 상승이 나왔다. 그러나 이걸 기다린 게 아니다.

지긋지긋한 세력이라는 생각밖에 안 들었다. 이렇게 고생시키고는 장중에 반짝 올랐다 내리는 모습을 보며 분노가 치밀었다. 남은 건 악밖에 없었다. 오늘 올랐으니 또 금방 오르지 않겠느냐고? 아니다. 양봉이라면 좋았겠지만 장대음봉이다. 이렇게 한 번 올렸다 내리면 언제 또 올릴지 알 수가 없다. 도대체 얼마나 오래 기다려야 하는지 암담했다. 일반적으로 이런 단발성 급등이 나오면 한두 달은 또 쉽게 간다. 단기간에 다시 수익 주는 급등은 나오지 않을 가능성이 높다. 서너 달은 더 걸릴 수도 있겠다는 생각에 머리가 지끈하다.

물론 포기하지는 않았다. 이후에도 지인과 제자들에게 언젠가는 꼭 급등할 거니까, 하락하면 겁먹지 말고 다시 매수하라고 당부했다. 그렇게 몇 번을 더 추천했는지 기억이 안 난다. 추천을 하면서도 정말 지긋지긋했다. 그런 경험은 이번이 처음이었던 것 같다.

아래 차트 37은 이후 7개월이 지났을 때의 모습이다. 역시나 함흥차사다.

[차트 37] 이후 7개월간의 차트

첫 추천일로부터 얼마나 지났을까? 장장 15개월이 훨씬 지난 2019년 9월 23일, 드디어 첫 상한가가 나왔다. 지긋지긋한 고생이 끝나는 순간이었다. 15개월이라는 긴 시간을 내 말만 믿고 악착같이 쥐고 있었던 분들이 승리하는 순간이었다. 종목 [세하]는 다시는 쳐다보고 싶지 않은 악몽 같은 종목이다. 악마와 같은 종목이라는 표현이 더 맞을지도 모른다.

[차트 38] 나의 매매 경력 가운데 가장 힘들고 지치게 만들었던 종목 [세하]가 드디어 상한가를 만들며 상승하는 모습이다. 이 책이 아니었다면 다시는 쳐다보고 싶지 않을 종목이다.

여러분은 주식 매매를 하면서 어떤 종목이 가장 무서운가? 겁박을 하며 하락 추세를 이어가는 종목? 그러나 나에게는 [세하]처럼 한없이 시간을 보내는 놈이 가장 무섭다. 화끈하게 요동치면서 매집을 하는 게 아니고, 개미가 지쳐 떨어질 때까지 시간 싸움을 벌이는 세력이 가장 두렵다.

상승 없이 시간이 흘러가면 아무리 확신이 강했던 사람도 회의가 생기게 마련이다. 나야 차트 분석으로 절대적 믿음을 가지고 끊임없이 강홀딩(절대 팔지 마!)과 추매(=추가 매수)를 외쳤지만, 이런 종목에 회의를 안 느끼고 버텨내기는 힘들다. 물론 기다림 끝에 보상은 있다. 그러나 기회비용은? 스트레스는?

mimir summary

- 세력은 습성상 싸고 은밀하게 매집하려고 한다.
- 그러나 비용이라는 현실적인 문제 때문에 작업 속도를 높일 때가 있다.
- 그럴 때 개미가 원하는 수익을 일부 주면서 빨리 팔고 나가게 만든다. 달콤한 회유다.
- 그래도 버티는 개미가 있으면 주가를 떨어뜨려 공포감을 맛보게 한다. 두려운 협박이다.
- 협박보다 더 무서운 게 있다. 지쳐 떨어질 때까지 질질 끄는 것이다. 지루한 방치다.
- 이상이, 개미로부터 물량을 빼앗기 위해 세력이 사용하는 3가지 수법이다.
- 이상이, 개미가 세력의 전술에 말려들었을 때 느끼는 3가지 감정이다.
- 달콤하다는 감정, 무섭다는 감정, 지친다는 감정이 느껴진다면 말려든 것이다. 감정으로부터 벗어나라. 매매는 가슴이 아니라 머리로 하는 것이다.

두 번째 포인트

세력의
치밀한
실행 능력

1
일봉
기초 공부

아직도 급등이 호재 때문에 나온다고 생각하는가? 아직도 급등이 영업성과 발표 때문에 만들어진다고 생각하는가? 아직도 급등이 사려는 사람이 팔려는 사람보다 더 많기 때문에 나온다고 생각하는가? 급등을 만드는 게 세력이라는 강력한 증거가 하나 있다. 만일 세력이 만드는 게 아니라면 이제부터 이야기하는 현상을 납득하기란 쉽지 않아 보인다.

그 전에, 기초 지식 습득 시간을 가져보자. 일봉이다. 장이 시작해서 끝날 때까지 하루 종일 움직인 결과가 일봉이다. 일봉은 크게 양봉과 음봉이 있고, 양봉도 음봉도 아닌 것, 즉 오른 것도 아니요 내린 것도 아닌 것, '도지'가 있다.

양봉, 음봉을 가르는 기준은 당일 시작 가격(=시가)이다. 예를 들어 전일 2,200원에 마감한 종목이 있다고 보자. 오늘 아침 장이 시작하자마자 가격이 2,000원까지 떨어져서 시작했다(-10% 하락). 그런데 하루 종일 가격을 끌어올려 2,030원에서 끝이 났다. 이 경우 차트에는 빨간색 양봉으로 표시된다. 무슨 말인가? 전일 마감 가격(=종가)은 상관이 없다는 얘기다. 양봉이란 당일 시가보다 당일 종가가 높은 일봉을 말하고, 음봉이란 당일 시가보다 당일 종가가 낮은 일봉을 말한다.

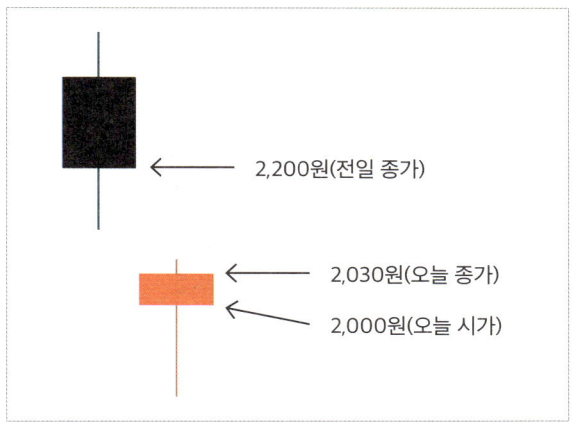

그림을 보자. 오늘은 어제보다 가격이 많이 내렸다. 그런데 빨간색 양봉으로 표시된다. 시가가 기준이기 때문이다. 음봉도 마찬가지. 어제 종가는 무관하다. 오늘 시가에 대해서 오늘 종가가 낮으면 그때 음봉이 된다.

  양봉 : 오늘 종가 > 오늘 시가
  음봉 : 오늘 종가 < 오늘 시가

그럼, 도지는 뭘까? 오늘 종가와 시가가 같은 경우다.

  도지 : 오늘 종가 = 오늘 시가

그림에서 가운데 있는 일봉이 도지다. 시가와 종가가 같다. 물론 이처럼 시가=종가인 경우만을 '도지'라고 부르지는 않는다.

　　도지 : 오늘 종가 ≒ 오늘 시가

대략 종가와 시가가 거의 비슷한 위치에서 끝날 때도 '도지'라고 한다.

이처럼 일봉에는 3가지 종류가 있다. 그런데 우리가 앞에서 살펴본 바에 따르면 이 3가지 일봉을 세력이 만든다. 그렇다면 우리는 세력이 원숭이가 아닌 바에는 분명 어떤 의도를 갖고 일봉을 만들어간다고 추론할 수 있다. 의미가 없는 일봉은 없다는 얘기다. 의미가 담겨 있으므로 일봉의 모임인 차트에는 분명 스토리가 있게 된다. 물론 드라마 스토리는 아니겠다. 주식 판에서 벌어지는 기승전결이 있다는 얘기고, 우리는 '기'에서 발견하고, '승'에 사서, '전'에 파는 걸 목표로 삼으면 된다. 아무튼, 그것보다 더 중요한 얘기, 진짜 세력이 일봉을 그려가는 게 맞는지 확인해 볼 차례다.

2
1원도 틀리지 않고 가격이 똑같다?

종목 [모나리자]를 발견한 날, 대단한 종목을 찾았다는 생각에 흥분했던 기억이 난다. 회원들에게 추천한 시점은 2019년 12월이었다.

[차트 39] 2019년 12월 카페에 추천했던 종목 [모나리자]

우선 주목할 지점은 차트에 A라고 표시한 전 고점이다. 최소한 이 고점은 돌파할 것으로 판단하고, 이후 하락 지점에서 분할 매수를 시작한다. 매수를 시작한 지 한 달 정도 지나자 전 고점 A를 돌파하며 숫자 1이라고 적혀 있는 봉을 만들었다.

놀라운 1봉의 종가

우리의 관심사는 '과연 A봉의 고점을 뚫을 것인가?'였다. 장 마감 때 확인해 보니 1봉의 종가는 4,430원이었다. 응? A봉의 고점 가격도 4,430원이 아닌가! 돌파면 돌파지 가격이 같다는 말은 무슨 뜻일까? 이게 가능한가?

1봉이 출현한 날의 거래량을 보자. 998만 주가 넘는 엄청난 양이 터졌다. 급등 소식을 듣고 [모나리자]를 사러 온 개미들은 얼마나 될까? 최소 수만 명에서 최대 수십만 명이 거래에 참여한 것으로 보인다. 이렇게 참여 인원이 많은 종목인데 어떻게 종가를 A 고점에 딱 맞춰 놓을 수 있을까? 이건 우연인가, 의도된 손길인가?

아래 차트 40은 1봉이 뜨던 날의 당일 10분봉 차트다. 분봉이란, 분 단위로 봉을 만들어서 보여주는 차트를 말하는데 10분봉은 10분 단위로 하나의 봉을 만드는 걸 의미한다. 당일 주가가 어떻게 움직였는지 확인하기 위해 분봉을 본다. 어떤 모습인가?

[차트 40] 1봉이 뜨던 날의 10분봉 차트 모습. 억지로 4,430원에 끝난 것처럼 보이는가? 아니면 뭔가 의도된 손길이 느껴지는가?

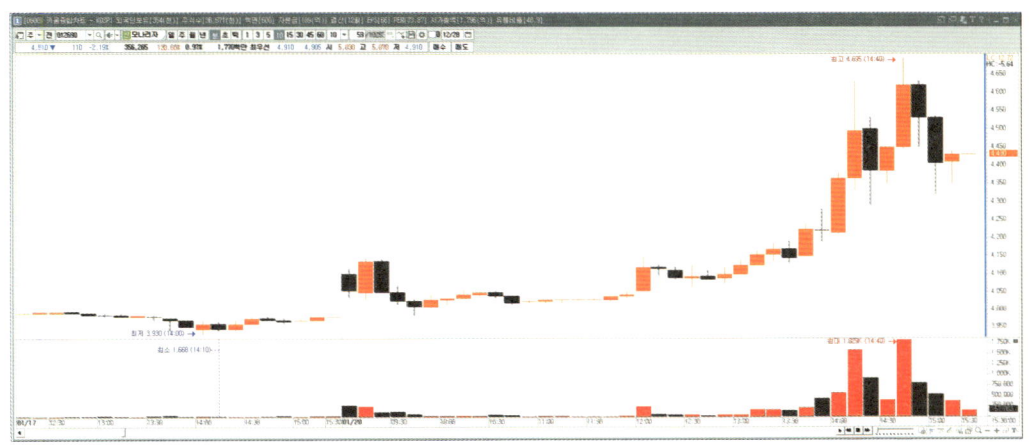

차트를 읽어보면 이렇다.

전일 종가보다 높은 가격에서 장이 시작한다(갭 상승). 바로 가격이 오르지는 않고, 살짝 하락해서 눌러 놓았다가 12시 무렵에 1차 상승이 나오고, 다시 1시 40분부터 본격적인 상승이 나온다. 그리고 2시 20분과 50분, 두 번에 걸쳐 당일 고점을 갱신하며 상승하다가 3시를 넘기면서 하락하며 자연스럽게 4,430원에서 마감한다.

이건 사고파는 사람들이 격돌을 한 자연스런 결과물일까?

놀라운 2봉의 저가

이게 끝이 아니다. 믿기지 않는 움직임을 보이면서 1봉의 종가를 딱 A봉 고점에 갖다 놓은 다음날, 다시 한 번 눈을 비비게 만드는 모습을 목격하게 된다.

[차트 41] 2봉의 저가에 주목하자.

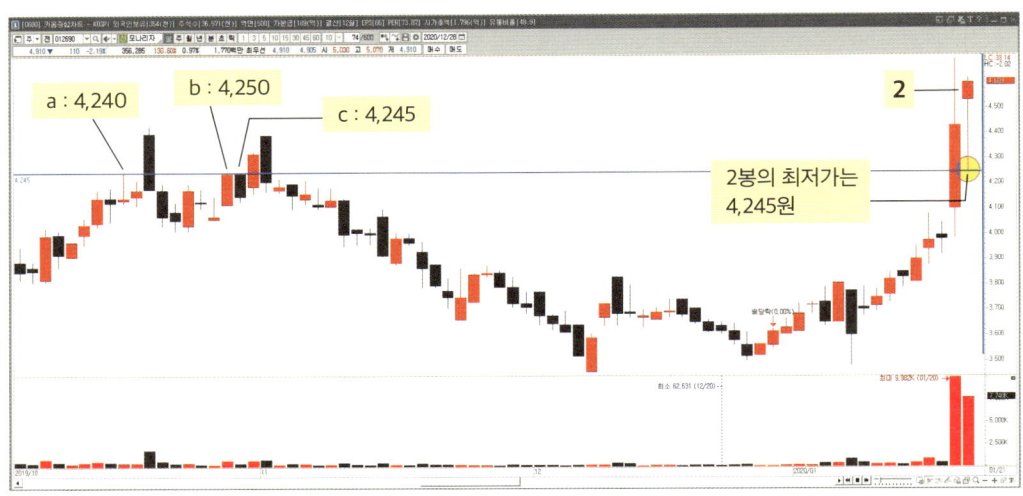

다음날에 뜬 2봉을 주목해 보자. 2번 봉은 1번 봉과 달리 아래꼬리가 길게 달려 있다. 아래꼬리의 가장 끝이 당일 저점, 즉 가장 낮은 가격이다. 이 지점에 파란색 선을 그어 옆으로 이어보면 좌측에 소문자 a, b, c로 표시한 봉의 고점에 닿는 걸 볼 수 있다.

  a 고점 : 4,240원

  b 고점 : 4,250원

  c 고점 : 4,245원

a~c는 어떤 가격일까? 고점 돌파를 위해 상승이 나왔던 때다. 그러나 돌파는 실패했고, 가격은 주저앉았다. 통곡의 벽이다. 바로 그 지점에서 자주 찍었던 고점 가격이 a, b, c다. 돌파를 앞둔 중요한 자리에서는 이렇게 같은 가격이 고점으로 나

오는 일이 종종 있다. 그만큼 중요한 가격이라는 얘기다. 그러다 1봉이 나오면서 이 가격을 돌파했는데 2봉에서 이 통곡의 벽까지 내려갔다가 다시 올라왔다.

특히 이 가격이 고점, 저점이라는 게 더욱 놀랍다. 보통 시가와 종가는 동시호가로 결정되기 때문에 세력이 가격을 맞추는 게 쉽다. 그런데 고가나 저가는 주가가 요동을 치는 동안에 만들어지기 때문에(격언에 따르면 저가와 고가는 개미가 만든다!) 절대 쉽지 않다. 거래량은 어떤가? 2번 봉이 출현한 날의 거래량은 770만 주. 대주주 지분을 제외하고 유통 가능한 주식 수가 1,850만 주 정도니까 상당히 큰 거래량이다. 이 정도 거래량이면 세력의 의도보다 조금 더 비싸거나 싸게 주문을 넣는 사람도 나올 수 있다. 그런데도 가격을 맞춘다.

시총이 작은 종목이니까 가능한 일이 아니냐고? 놀랍게도 이런 현상은 전 세계인들이 몰려 있는 크루드 오일 선물이나 S&P 지수 선물 차트 등에서도 심심찮게 나온다. 전 세계 수백만인지 수천만일지 모르는 수많은 매매자들이, 초긴장 상태에서 미친 듯이 빠른 속도로 움직이는 차트를 보며 매매를 하고 있는데 가격을 딱딱 맞추고 있다니, 이게 무슨 조화인가? 실제로 그런 현상을 보고 있노라면 '내가 뭘 보고 있는 거지?' 하며 혀를 내두르게 된다. 그러나 이 현상을 일단 인정하게 되면 그때부터는 차트를 보는 눈이 달라진다.

또 다른 종목 [제일파마홀딩스]에서도 세력이 가격을 어떻게 잡아가는지 잘 보여준다. 이 종목은 매집이 대단히 좋아 1차 추천했다가 2020년 4월 6일 재추천 후 현재까지 총 4번 상한가를 기록했다. 주목할 지점은 차트 42의 파란 선이다. 이전 고점들을 다 뛰어넘는 돌파가 나온 날 윗꼬리를 만든 양봉이 나왔는데 이날의 고가가 18,450원이었다. 이후 눌림목(상승 이후 가격을 낮추며 조정을 거치는 기간)에서 이 고점에서 정확히 반등이 나온다. 얼마나 멋진 레이싱 기술인가. 개미의 실수마저 용납하지 않는 멋진 조종술이다.

[차트 42] 돌파하던 날의 고점 가격이 눌림목의 저점과 동일한 18,450원이다.

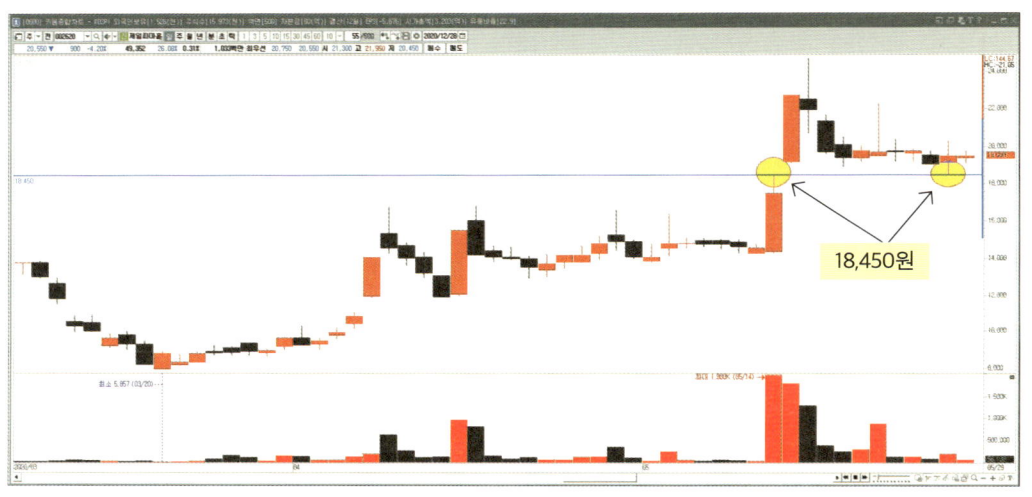

주목 ❶ 역계단

돌파하면 팔라고 했던 말을 기억하는가? 종목 [모나리자]는 A의 고점을 돌파했기 때문에 여기서 파는 게 맞다. 그런데 주목할 게 있다. 차트에 표시된 1~2번 봉이다. 이 두 개의 봉을 한 세트로 묶어서 '역계단'이라고 부르는데 이게 뜨면 나는 이 종목이 더 상승할 것으로 판단하고 재매수한다. 역계단은 보통 1) 거래량이 갑자기 터지며 2) 윗꼬리 긴 양봉으로 끝나고(1번 봉), 하루나 2~3일 뒤 1번 봉 종가보다 높은 가격에서 양봉으로 끝나는 양봉이 나오는 경우를 말한다(자세한 설명은 〈기법편〉 참조). 이후 과정은 어떻게 되었을까?

[차트 43] 1~2번 봉의 역계단이 뜬 다음날 하늘 뚫고 오르는 모습

앞서 설명한 '사지탈출'에 이어 역계단도 상승을 알리는 신호탄이 된다. 특히 역계단은 급등 직전에 자주 나타난다.

주목 ❷ 급등주 잡기 예고편

〈기법 편〉에서 다시 설명하겠지만 예고편이라고 생각하고 잠깐 언급한다. 분봉 차트 보면서 급등주 매매하는 방법이다. [모나리자]의 2번 봉이 출현한 날, 분봉의 모양은 어땠을까?

[차트 44] 2번 봉이 출현한 날의 10분봉 차트

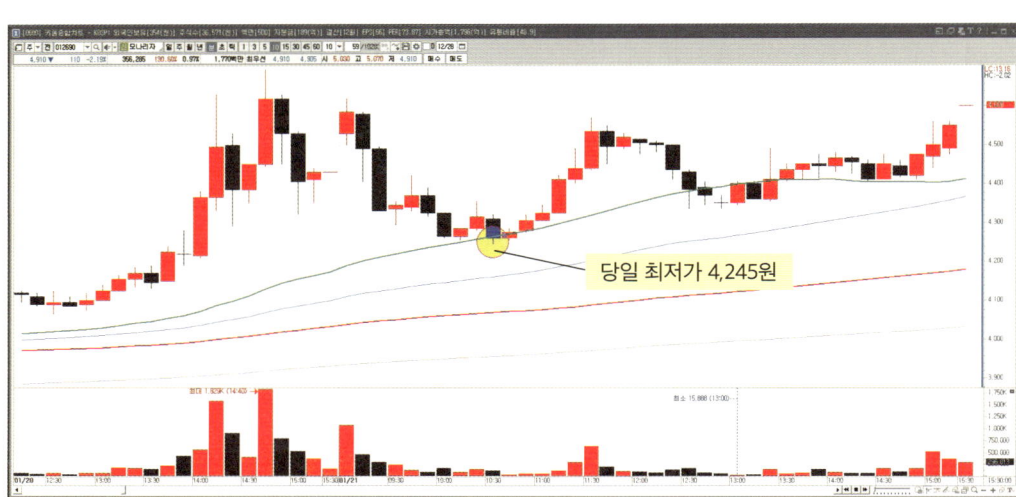

이날 저가가 4,245원이라는 건 앞에서도 살폈다. 그런데 이 차트에서 주목할 게 있다. 차트에 표시한 녹색 선이다. 이 선은 36선이라는 건데 10분봉 36개의 종가 평균값을 표시한 것이다. 10분봉은 10분 동안 1개의 봉을 만들어 표시해주는 봉으로, 10분봉 36개는 계산하면 360분, 즉 6시간이다. 지난 6시간 동안의 주가 평균값을 보여주는 선이 10분봉 36선이다(하루 장이 열리는 시간이 6시간 30분이므로 10분봉 36선은 하루치 주가의 평균값을 보여준다. 한편 10분봉 차트를 3분봉 차트로 바꾸면 36선은 3분봉 36개의 평균값으로 바뀐다. 계산하면 3분봉 36개는 108분으로, 이 시간 동안 주가가 어떻게 움직였는지 평균값을 보여준다. 36선에 대한 자세한 설명은 〈기법 편〉을 참고하자.).

다시 차트로 돌아가 가격 반등이 나온 지점을 보자. 열 번째 10분봉이 나온 지점이다. 이 지점에서 반등이 나왔다. 이 자리가 어떤 자리일까? 급등주 매매에서 중요하게 다루는 녹색 선, 즉 36선과 당일 저가인 4,245원이 만나는 지점이다. 이런

일치 현상도 우연일까? 이제는 아니라는 생각이 들지 않는가?

> **mimir summary**
> - 세력의 치밀한 실행 능력을 살펴보았다.
> - 이제 세력이 있다는 것, 그리고 일봉을 그려가는 능력이 있다는 걸 더 증명할 필요는 없을 것 같다.
> - 그럼에도 여전히 세력의 존재와 그들의 능력이 의심스럽다면 가치 투자 등 다른 매매법으로 갈아타는 게 좋은 선택 같다.
> - 각설하고, 이번 장에서는 숨겨둔 이야기가 하나 있다. 모든 일봉은 의미가 있다는 얘기였다. 특히 여기서 다룬 '역계단'처럼 상승을 앞두고 나타나는 양봉들이 있다 (양봉 = 종가 > 시가). 모든 양봉들이 추가 상승을 예고하는 건 아니지만 기본적으로 양봉은 좋은 의미일 때가 많다.
> - 그러나 그와 반대되는 현상부터 아는 게 순서 같다. 즉 세력들이 만드는 양봉들 중에는 개미를 유혹하기 위한 양봉, 개미들에게 물량을 팔아치우기 위해 만드는 양봉이 얼마든지 있다는 말이다.
> - 그런 양봉이 나타나면 어떻게 해야 할까? 같이 사야 할까? 절대 안 된다. 만일 우리가 피해야 할 양봉이 무엇인지 알게 되면 동시에 우리는 좋은 양봉을 골라내는 눈도 기를 수 있다. 어떤 양봉이 위험한 양봉일까?

세 번째 포인트

세력의
유혹

1
위험한 양봉이 있다

양봉만 찾아다니는 개미들의 심리를 누가 모르랴? 양봉은 개미가 꼬이는 가장 좋은 유혹의 수단이기도 하다. 그래서 세력들은 가짜 양봉을 만든다. 겉보기에는 빨간색 양봉이어서 마치 세력이 물량을 열심히 사고 있는 것처럼 보이지만 실제로는 가짜 양봉을 만들어가며 개미들에게 물량을 팔아치우는 것이다. 이게 가능하냐고? 물론 얼마든지. 세력 물량을 개미들이 받아서 올리면 되지 않느냐고? 천만의 말씀이다. 개미들은 가격이 조금만 올라도 다 팔려고 달려든다. 개미들을 상대로 가격을 올린다는 게 얼마나 힘든 일인지 잘 몰라서 하는 말이다. 세력이 팔면 십중팔구 가격은 고꾸라진다.

아무튼 세력이 만들어내는 속임수 양봉을 가려낼 줄 알아야 고점에서 물리는 걸 피할 수 있다. 나아가 *상장폐지나 *감자하기 전에 대규모 물량이 터지는 경우가 있는데 이를 '세력이 사고 있구나!(매집)'라고 착각하고 매수하는 실수를 방지할 수 있다.

(※ 상장폐지 : 코스피와 코스닥 등의 거래소에서 퇴출되는 것을 말한다. 물론 기업은 계속 살아 남아 영업한다. 그러나 주식시장 거래는 불가능해진다. 주가? 대폭락을 하는 건 두말할 것 없다. / 감자 : '이러다 상장폐지 되겠다' 싶을 만큼, 기업 살림살이가 나빠지는 경우, 기업이 재무를 개선하기 위해 자본을 줄이는 것을 '감자'라고 한

다. 100주 갖고 있던 사람이 감자가 된 후 50주, 25주로 주식 수가 줄어들게 된다. 줄어든 만큼 보상을 해주면 유상감자가 되고, 보상 없이 그냥 주식 수만 줄어들면 무상감자. 유상이든 무상이든 감자를 맞으면 주가는 날개 잃은 새마냥 후드득 떨어진다. 상장폐지 다음으로 악재라고 보면 맞다.)

종목 [에스모 머티리얼즈]의 위험한 양봉들

2020년 5월 28일, 한 회원이 [에스모 머티리얼즈]가 급등할 것 같다며 사도 되겠느냐고 문자를 보내왔다.

[차트 45] 바닥에서 거래량이 터지며 양봉을 만들어가는 모습. 매수 의향을 물었던 회원에게 '상장폐지 위험이 있다'며 만류했고, 그 다음날 거래가 정지되었다.

종목 [에스모 머티리얼즈]는 무지막지한 거래량을 터트리며 양봉을 만들고 있다. 마치 굉장한 바닥 매집처럼 보이게 만들어 개미를 현혹한다. 이 거래량을 어떻게 설명해야 할까? '자전거래'라는 게 있다. 자기 물량을 자기가 사는 것이다. 여러분도 가능하다. 매도 호가창에 물량을 내놓고, 그 물량을 사면 된다. 그렇게 해서 마치 거래가 활발히 이루어지는 것처럼 보이도록 만든다. 자전거래를 통해 세력이 마지막 물량을 털어내는 과정에서 저런 바닥 매집처럼 보이는 형태들이 나타난다. 그런데 생각해 보면 누가 저런 낮은 가격에 물량을 내놓겠는가?

지금까지 상당히 많은 종목을 상장폐지나 감자로 예측해서 맞췄던 전력이 있다. 개중 상당수가 양봉이 연속해서 출현하는 형태, 일명 '양봉 밀집형'으로 나타났다.

다행히 그 회원은 매수하지 않았고, 최소 몇 백만 원을 건졌다. 운이 좋은 케이스다.

2
어떤 양봉일 때 피해야 할까?

2020년 2월 7일 장중에 종목 [포티스]를 발견하고, 상장폐지 혹은 감자 등의 위험이 있다는 글을 카페에 올렸다. 나는 뭘 본 것일까?

[차트 46] 무엇이 위험한 걸까?

잘못 보면, 종목 [포티스]는 흡사 매집처럼 보인다. 이유는 이렇다.

이건 매집이다! : 양봉이 나오기 전, 거래량 터진 음봉에 주목해 보자. 거래량 지표에서 가장 키가 큰 검정색 막대가 나온 날이다(아래 차트 47의 a 일봉). 이날 거래량이 터지고 난 뒤 며칠 뒤 양봉이 나오면서 음봉 a의 고점 부근까지 상승이 나온다. 어떻게 보면 '사지탈출'처럼 보이기도 한다(사지탈출 : 내가 붙인 이름이다. 빠르고 깊게 내렸다가 다시 빠르게 올리는 현상을 가리킨다.). 개미들을 공포에 떨게 만들기 위해 가짜로 하락을 시켰다가 다시 올라오는 것일 수도 있다. 실제로 사지탈출이면 세력은 해당 구간을 싹 쓸면서 물량을 모은다. 차트도 비슷한 양상을 보인다. 차트 47의 1번 봉이 a봉의 고점 부근까지 상승했다. 그런데 진짜 매집일까?

[차트 47] 차트에 대한 지식이 어느 정도 있는 분들도 노란색 박스 구간이 매집이라고 볼 만한 구석이 있다. 음봉 a, b, c의 거래량이 양봉 1보다 훨씬 많고, 1봉의 고점이 음봉 a의 고점에 거의 육박했다. 1봉이 양봉으로 끝났으니 a, b, c에 물려 있던 물량들을 모조리 사준 매집봉처럼 보는 게 아주 없는 소리는 아니다.

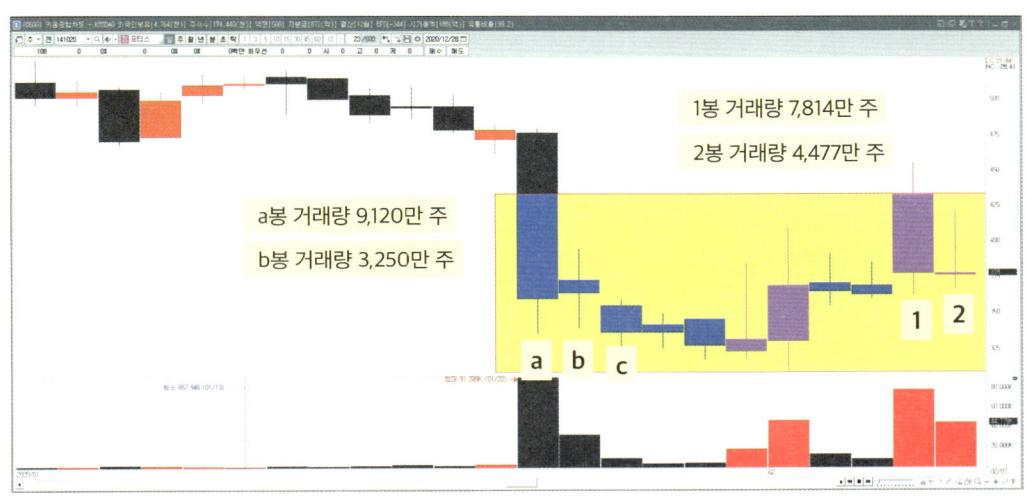

이건 매집이 아니야! ❶ 그런데 이건 매집이 아닐 가능성이 거의 99%다. 왜일까? 우선, 거래량이 폭발한 위치가 너무 나쁘다. 차트를 보면 현재 가격이 이 종목의 역사에서 어떤 수준인지 알 수 있다. [포티스]의 저 가격은 역대 최저가다. 저렇게 낮은 가격에서 거래량이 폭발하면 위험 신호다. 윗꼬리 긴 일봉이 어느 자리에서 나오는지가 중요한 것처럼 거래량이 터지는 위치도 아주 중요하다. 거래량이 터지는 위치에 따라서 좋은 양봉이 되기도 하고 나쁜 양봉이 되기도 한다. 매집을 위해 바닥에서 거래량이 터지는 경우도 간혹 있는데, 그 경우에도 이렇게 터무니없이 낮은 가격에서 터지지 않는다. 참고로, 꼭대기나 바닥은 거래량이 터지면 위험한 자리다.

이건 매집이 아니야! ❷ 이 종목의 발행 주식은 몇 주일까? 1억 7,440만 주다(상장주식 수를 확인하려면 차트를 펼쳐서 종목명이 있는 곳에 마우스 커서를 댄다. 액면가, 자본금, 상장주식 수 등 관련 정보가 뜬다.). 제법 몸통이 통통한 양봉을 만든 2월 7일의 거래량은 얼마일까? 7,800만 주다. 다음날의 거래량도 만만치 않다. 4,400만 주나 된다. 이틀 사이에 1억 2천만 주가 거래되었다. 발행 주식의 절반을 훌쩍 넘는 주식을 이렇게 낮은 가격에서 거래하는 게 상식적일까? 팔았다면 도대체 누가 판 것일까? 고가에 물린 개미들이 이렇게 낮은 가격에 판다는 건 말이 안 된다. 일부는 포기하고 팔 수도 있다. 그런데 물려본 사람이라면 알겠지만 이 정도로 주가가 하락하면 자포자기 심정이 된다. 이미 심리적으로 충격을 받은 단계를 지나 아무런 의욕도 갖지 못한 채 넋 놓고 바라보는 상태가 된다. 마음은 무기력하고 판단은 정지된다. 개미들이 판 물량이 아니다. 그럼, 세력인가? 이 정도 가격까지 내려오는 동안 막대한 수량의 주식을 한 주도 팔지 않고 다 갖고 있다는 건 세력의 작전에도 없는 방법이다. 뭘까? 소량의 주식 수로 거래량이 많아 보이도록 만드는 방법이 있다. 자전거래다. 하루에도 수십 번씩 사고파는 분들은 알 것 같다. 예수금이 100만 원만 있어도 수십 번 사고팔면 당일 매수매도 금액이 수천만 원 찍힌다. 마찬가지다. 10만 주 정도만 갖고 있어도 자기 물량을 자기가 사고, 자기가 팔면서 10만 주의 10배, 100배로 거래량을 뻥튀기할 수 있다. 끊임없이 사고팔면 거래세가 붙으니까 손해일 수도 있겠다. 그러나 괜히 세력인가? 실력도 없는 자가 세력질을 하겠는가? 이건 빼박, 세력의 자전물량(=자전거래 물량)이다. 목적은 개미를 현혹시켜 유인하는 것. 오징어잡이 배가 밤바다에 등을 환히 밝히면 미끼도 없는 꼬챙이에 오징어가 줄줄이 딸려 온다. 저 거대한 거래량과 장대양봉은 개미를 유혹하는 지옥의 불빛이다.

주가 위치 확인하기

이 종목의 역사 속에서, 현재 주가가 어느 정도 위치에 오는지 확인하려면 아래 차트 48처럼 월봉으로 본다.

[차트 48] 월봉으로 본 [포티스]

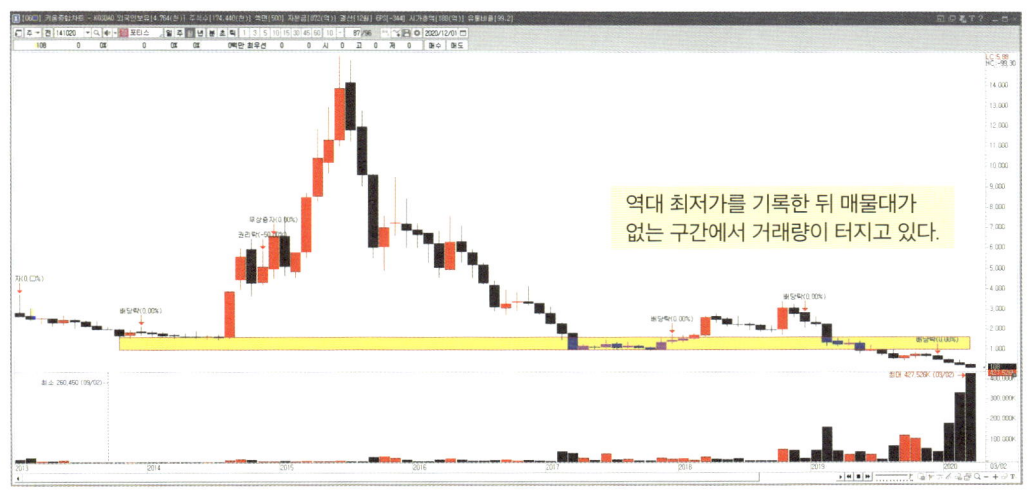

역대 최저가를 기록한 뒤 매물대가 없는 구간에서 거래량이 터지고 있다.

월봉은 한 달 동안의 주가 변동을 하나의 봉으로 표현하므로 상장 이후의 주가가 어떤 흐름을 보여 왔는지 쉽게 볼 수 있다(월봉이나 주봉 가운데 보기 편한 걸 고른다.).

바닥에서 터진 거래량은 어떤 의미?

차트 48을 보면 종목 [포티스]의 현재 가격 위치는 바닥을 뚫고 지하로 내려간 곳이다. 지금껏 이처럼 낮은 가격대에서 거래가 이루어진 적이 없다. 그런 곳에서 거래량이 크게 터졌다. 무슨 말인가? 여기는 매물대가 없다는 말이다. 매물대란 위에 있으면 천정이 되고, 아래에 있으면 단단한 바닥이 되어준다. 그런데 매물대가 없으니 허공과 같다. 세력이 가격을 올리거나 내려도 아무도 방해하지 않는다. 과거 어느 때라도 이곳에서 거래가 있었다면 이곳에서 사서 들고 있는 사람들의 물량을 뺏기 위해 거래량을 터트린다고 가정이라도 할 수 있다. 그런데 여기는 아무도 관심이 없는 가격대다. 소규모라면 몰라도 이 정도 대규모 거래량을 만드는 게 불가능한 구간이라는 말이다. 따라서 이건 매집이 될 수가 없다.

무슨 말인가?

중요한 이야기다. 여러분이 특정 가격대에서 이 종목을 매수했다고 가정해 보자. 예를 들어 950원에 10만 주를 갖고 있다(9,500만 원어치다.). 1,100원대에서 놀던 주가가 며칠 하락하더니 낙하를 시작, 990원 언저리까지 내려왔다. 하락세는 도통 멈출 기미가 없다. 드디어 살금살금 내리던 주가는 950원을 깨고 900원까지 내려간다. 불과 며칠 전만 해도 수익 중이었는데 손실로 바뀐다. 어떻게 해야 할까? 정말 고민스럽지 않을까? 누구라도 자기가 산 가격대 근처로 주가가 오면 입에 침이 마르기 시작한다. 기왕이면 더 떨어지기 전에 작은 수익이라도 건지자는 마음으로 팔기 시작한다. 매매에 동참하게 된다. 그런 마음은 당신뿐이 아니다. 그 비슷한 구간에서 사서 들고 있는 모든 개미들의 공통된 심리다. 반대로 1,100원에 10만 주를 샀는데 900원까지 떨어졌던 주가가 슬금슬금 올라서 1,100원 부근까지 와도 동일한 현상이 벌어진다. 물려 있던 개미들 입장에서는 빠져나갈 절호의 기회다. 매매에 동참한다.

무슨 말을 하고 싶은가? 주가 상승과 하락을 견인하는 세력 입장에서는 특정 가격대에만 도달하면 개미들이 판다는 걸 잘 안다는 말이다. 세력들은 자기들이 팔고 싶을 때 이런 개미들이 팔지 않는 구간으로 가격을 이동시키는 경향이 있다. 내가 팔려고 준비했는데 개미들이 팔아버리면 재미를 못 보기 때문이다. 세력 입장에서는 개미란 상당히 걸리적거리는 존재다. 매물대가 없는 가격대, 개미가 팔려고 얼씬거리지 않는 가격대에서 세력은 물량을 편하게 팔아먹는다.

"세력은 급등을 시켜서 팔아먹을 때도, 다 팔아먹고 바닥에서 찌꺼기 물량을 팔아먹을 때도 가능하면 개미가 없는 자리에서 팔아먹는다."

[차트 49] 종목 [화천기계]다. 거래량 지표에 노란색 네모로 표시한 지점이 우리가 주목할 곳이다. 이틀간 거래가 터진 가격대는 지금껏 거래가 없던 허공이었다. 앞에 매물대가 없는 텅 빈 허공에서 거래량이 폭발하는 장대양봉이 나오면, 상승의 끝에 임박했다고 생각해야 한다. 여기서 팔지는 못할망정, 거래량 터지며 급등하는 모습을 보고 따라 가려고 하는 건 정말 위험하다. 세력이 음봉으로만 물량을 판다는 고정 관념을 즉시 지우자.

개미 청정구역에서 터진 거래량은 위험 신호

세력이 팔았다는 사실을 알 수 있는 주요한 증거가 있다. 막대한 거래량이다. 주가를 급등시켜서 팔아먹을 때도 거래량을 크게 터트리지 않으면 세력은 물량을 털 방법이 없다. 물론 조금씩 파는 게 불가능한 건 아니지만 시간이 너무 오래 걸리고, 기술적으로도 쉽지 않다.

그래서 가장 좋은 방법은 거래량을 터트려서 타 종목에 몰려 있는 개미들의 관심을 끈다. 거래량을 터트리며 급등과 급락을 만들어, 동네방네 소문을 낸다. 필요하면 호재 뉴스를 슬쩍 흘린다. 그렇게 개미가 모여들기 시작하면 이제부터 진짜 실력 발휘다. 주가가 떨어지지 않도록 잘 조정하면서 절묘하게 개미들에게 물량을 팔아치운다.

높은 가격에서만 팔아먹는다고 생각하면 오산이다. 세력은 실컷 팔아먹으며 하락을 시킨 뒤 마지막 불꽃놀이를 하는 경우도 많다. 한참 하락한 지점에서 엄청난 거래량이 나오면서 장대양봉을 만드니까 마치 세력의 매집처럼 보일 때도 있다. 그런데 이런 불꽃놀이는, 물론 몇 차례에 걸쳐 상한가가 나오는 드문 경우도 있지만, 대부분은 단발성 장대양봉이다. 매집으로 착각하게 만들어 개미들에게 물량을 파는 게 세력들의 방식이다. 세력은, 거래량을 동반한 장대양봉이 바닥에서 마구 솟구치면 개미들이 몰려든다는 걸 잘 안다. 여기에 그럴싸한 호재라도 흘리면 성공 확률은 더 높아진다. 바닥 구간에서 세력들이 던지는 물량을 마치 보물이라도 되는 양 빚까지 내가며 사는 사람도 봤다. 세력이 다 팔고 떠나간 뒤에도, 하염없이 흘러내리는 주식을 보며 언젠가는 반등할 거라는 헛된 희망을 품고 속절없이 시간을 보낸다. 어느 날 50:1 감자나 상장폐지 뉴스가 나오며 주가는 주당 10원짜리 휴지조각으로 전락한다.

거래량이 터지면 좋은 자리는?

그럼 어떤 자리에서 거래량이 터질 때가 좋다는 얘기인가? 앞에 매물대가 있는 곳이 좋다. 물론 상황에 따라 판단은 달라질 수 있지만 매물대와 비슷한 가격대에서 거래량이 터질 때가 좋은 신호다. 그게 아니고 허공에서 터진 거래량이라면 세력의 바겐세일 기간이라고 생각하고, 아예 쳐다보지 않도록 한다.

이후 진행 과정

시곗바늘을 돌려서 차트 50에서 2번 봉이 터진 날로 돌아가 보자. 2번 봉은 앞에서 여러 번 다뤘던 '윗꼬리 긴 양봉'이다. 이 말은, 장중에는 마치 1번 봉의 고점을 금방이라도 뚫을 것처럼 빨간색으로 가득 채운 기세등등한 일봉이었다는 얘기다.

[차트 50] 2번 봉이 장중에는 몸통이 통통한 양봉이었다는 점을 감안하고 보자.

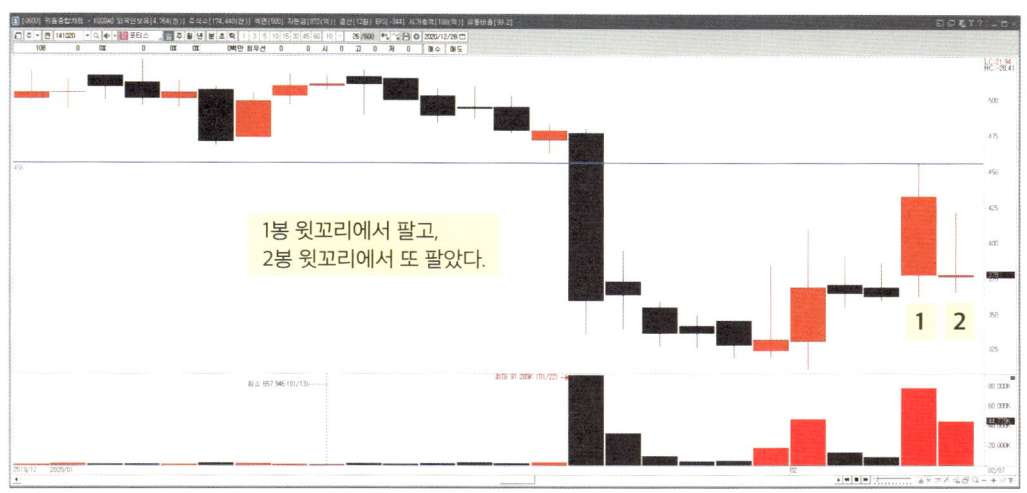

그런 눈으로 보자. 1번 봉은 정말 매집처럼 보일 수 있다. 그런데 2번 봉은 조금 이상하다. 1번 봉의 종가가 433원이었는데 2번 봉은 전일 종가보다 -12.93% 하락한 377원에서 시작했다(갭하락). 급락으로 시작하면 누구라도 좋을 건 없어 보인다. 그런데 이후 강력한 상승이 나온다. 장중 10% 가까이 오르며 1번 봉 고점을 뚫고 날아갈 것 같다(차트에 그은 파란색 선이 1번 봉 고점). '이건 진짜다'라고 생각하며 마구 매수하는 개미들의 모습이 보이지 않는가? 전날 샀다가 물려 있던 개미들이 이제는 더 안 속는다며 '강홀딩', '죽어도 고'를 외치는 모습이 보이지 않는가?

하지만 열광하는 개미들의 기대는 한순간에 무너진다. 주가는 급락하며 윗꼬리 긴 일봉을 만들었다(윗꼬리가 달렸더라도 음봉을 만들면 개미들이 희망을 다 포기할까 봐 그나마 양봉으로 끝내는 저 집요함을 보라.)

1번 봉에서는 자전거래로 물량을 팔아치웠고, 2번 봉에서는 사고 싶어 안달인 개미들에게 인심 좋은 산타처럼 물량을 마구 집어던져주었고, 그 결과가 윗꼬리 긴 일봉이다.

그러나 2번 봉의 움직임은 정말 좋지 못하다. 전일 종가를 지켜주지 못했으므로. 그래서 2번 봉을 보고는 이건 확실히 위험 신호라는 생각이 들어 카페에 경고 글을 올렸다.

[차트 51] 경고 글을 올린 뒤 진행 과정

이후의 모습을 보자. 2번 봉 다음날에도 잠깐 3% 올리며 찌꺼기마저 개미들에게 떠넘긴 세력들은 발리섬 7성 호텔에서 멋진 휴식을 준비한다. 그 사이 주가는 지속적으로 하락하고, 200원마저 갭하락으로 깨뜨리고 최저가 102원을 기록한 뒤 거래가 정지되었다(거래정지 : 상장폐지 사유가 발생했을 때 더 이상 사고팔지 못하게 되는 것을 의미한다.).

예고 없이 찾아오는 거래정지

거래정지에 대해 잠깐 살펴보자. 거래정지는 정말 아무런 예고 없이 이루어진다. 거래량이 폭발하는 양봉으로 마무리 된 날 기분이 좋아 친구에게 전화 걸어 술 한 잔 사겠다고 했는데 그 사이 상장폐지 공시가 뜬다(공시 = 거래소에서 발표하는 종목 소식). 공시라도 미리 확인했다면 나을 수 있다. 아침에 장이 시작하고 호가창에 물량이 없는 걸 보고 거래정지를 알게 되기도 하고, 장중에 한참 거래가 이루어지는 와중에, 그것도 종목 [에스모 머티리얼즈]처럼 기분 좋은 양봉이 뜬 상태에서 갑자기 거래정지가 뜨기도 한다(양봉 마감 후 거래정지 공시가 뜨는 경우가 많다.).

[차트 52] 거래정지 하루 전날의 모습. 저런 모습으로 움직이고 있다면 누구라도 탐내지 않겠는가?

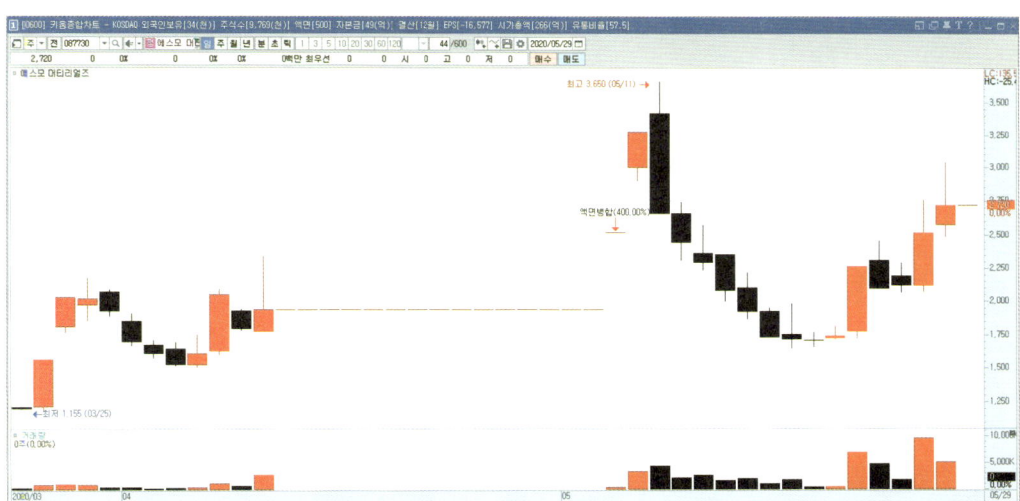

공시 내용은 어땠을까? 모 일당이 라임 펀드 자금 약 1000억 원을 받아 [에스모 머티리얼즈] 등 코스닥 상장사를 인수하고 회사자금 약 550억을 횡령했다며 상장적격성 실질심사 대상 여부에 관한 결정일까지 보통주에 대한 주권매매 거래정지 조치를 취한다는 내용이었다. 횡령은 가장 흔한 상장폐지 사유 가운데 하나다.

물론 거래가 정지되었다고 바로 상장폐지가 결정되는 건 아니다. 시일이 걸린다. 상황에 따라 다른데 1년이 넘도록 애를 태우는 경우도 흔하다. 아니, 1년 넘게 기다리라면 기다릴 수 있다. 상장폐지만 면할 수 있다면 말이다. 그런데 상장폐지를 피한 경우 자체가 드물다.

　　상장폐지가 결정되면 7일간의 정리매매가 이루어진다. 몇 백 원은 하던 주식이 순식간에 5원, 10원에 거래된다. 매수금의 10%만 건져도 정말 운이 좋은 것이다.

　　회사는 어떻게 될까? 상장폐지가 되었으니 망한 걸까? 아니다. 회사는 상장폐지 후에도 열심히 공장 돌리고 영업도 한다. 단지 증권거래소에서 더 이상 주식 거래를 할 수 없을 뿐이다. 회사는 개미주주라는 짐을 훌훌 털고 가볍게 새 출발을 할 수도 있다. 회사 입장에서는 상장폐지가 그렇게 두려운 일은 아니다. 이런 이유로, 고의적인 상장폐지도 가능하다. 여기가, 악마마저 울고 간다는 그런 곳이다.

3
위험한 상한가 매매

양봉 중 최고의 양봉은 뭐니 뭐니 해도 상한가 양봉이다. 30%를 다 채워서 더 이상 오를 곳 없이 완전무결한 빨간색을 만든다. 누구라도 탐이 난다. 그런데 절박하게 조언을 요청하는 분들이 있어서 어디서 매수했는지 확인해 보면 대부분 거의 최고가에 사서 물려 있다. 상한가 따라잡기, 일명 상따에 당한 분들이다.

물리는 이유

세력의 습성을 이해해 보자. 세력은 개미가 사는 걸 용납하지 않는다. 동의하는가? 그런데 나에게 차례가 왔다면 그건 혹시 세력이 기다려준 게 아닐까? 제발 사라고? 세력은 개미의 심리를 너무나 잘 안다. 근사하게 만들어 개미들이 꼬이도록 만든다. 왜? 자기들 물량을 팔려고. 그래서 누구나 다 살 수 있게 충분한 시간을 준다. 심지어 사라고 계속 유혹하며 손이 근질거리게 만든다. 반면에 좋은 종목은 매수 타이밍을 길게 주지 않거나, 협박을 일삼으며 팔게 만든 뒤에 급등을 시킨다.

기초 공부 : 호가창

설명을 위해 호가창이 뭔지는 알아야 할 것 같다. 기초 공부 삼아 잠깐 살펴보

자. 아래 그림이 호가 주문창이다(키움증권 기준). 호가창 형태로 주문을 넣도록 만든 것이다.

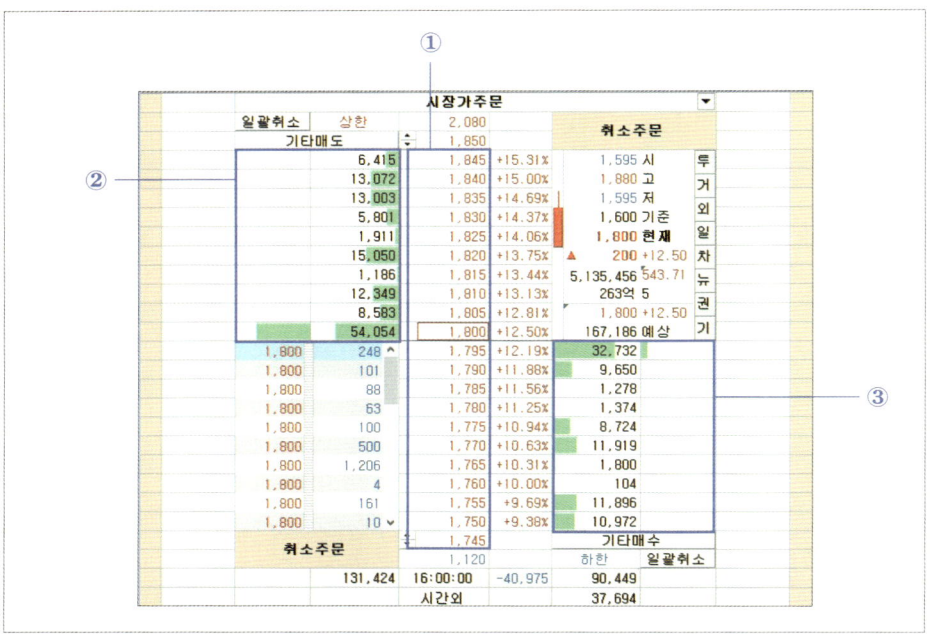

주식도 부동산과 마찬가지여서 호가가 있고, 거래가가 있다. 거래가는 실제로 거래되는 가격을 의미하고, 호가는 부르는 가격이다. 파는 사람은 거래가보다 높은 가격을 부르기 마련이고, 사는 사람은 거래가보다 낮은 가격을 부르기 마련이다. 위 호가창을 보자. 1번으로 표기한 것은 *가격이다.

(호가 단위 : 1,000원 미만의 주식은 991원, 992원, 993원, 994원처럼 1원 단위로 거래가 가능하다. 1,000원부터 5,000원까지는 1,005원, 1,010원, 1,015원……4,990원, 4,995원, 5,000원처럼 5원 단위로 거래가 된다. 5,000원부터 10,000원까지는 10원이고, 10,000원부터 100원이다. 단, 코스피 종목의 경우, 50,000원부터 100,000원까지만 100원이고, 100,000원부터 500,000원은 500원, 500,000원 이상은 1,000원으로 단위가 달라진다.)

2번은 매도 호가창이다. 팔려는 사람들이 나는 이 가격에 팔겠다고 내놓은 물량이다. 그림을 보면 1,800원에 54,054주가 매물로 나와 있음을 알 수 있다. 3번은 매수 호가창이다. 사려는 사람들이 나는 이 가격에 사겠다고 돈을 걸어둔 것이다. 그림을 보면 1,795원에 32,732주를 사겠다고 돈을 걸어놓은 걸 알 수 있다(매도 호가창은 보유 중인 주식을 걸어두고, 매수 호가창은 돈을 걸어둔다. 따라서 매도 호가창은 주식을 가진 자의 공간이고, 매수 호가창은 돈을 가진 자의 공간이다.).

그럼, 실제 거래는 어떻게 될까? '나는 기다리지 않겠다, 바로 사겠다'는 사람은 매도 호가창의 가장 낮은 가격인 1,800원에 주식을 살 수 있다. '나는 기다리지 않고 바로 팔겠다'는 사람은 매수 호가창의 가장 높은 가격인 1,795원에 주식을 팔 수 있다. 파는 사람에게 시장가는 1,795원이 되고, 사는 사람에게 시장가는 1,800원이 된다. 그게 싫으면 다른 사람들처럼 희망가에 걸어두면 된다. 그렇게 해서 위 그림과 같은 호가창이 만들어진다.

하나 더. 매도 호가창에 걸려 있는 물량을 모두 더하면 이를 '매도 총잔량'이라고 부른다. 아래 그림에서 1번으로 표기한 게 '매도 총잔량'이다. 몇 개라고 되어 있는가? 131,424주다. 한편 매수 총잔량도 있겠다. 2번이다. 몇 개인가? 90,449주다.

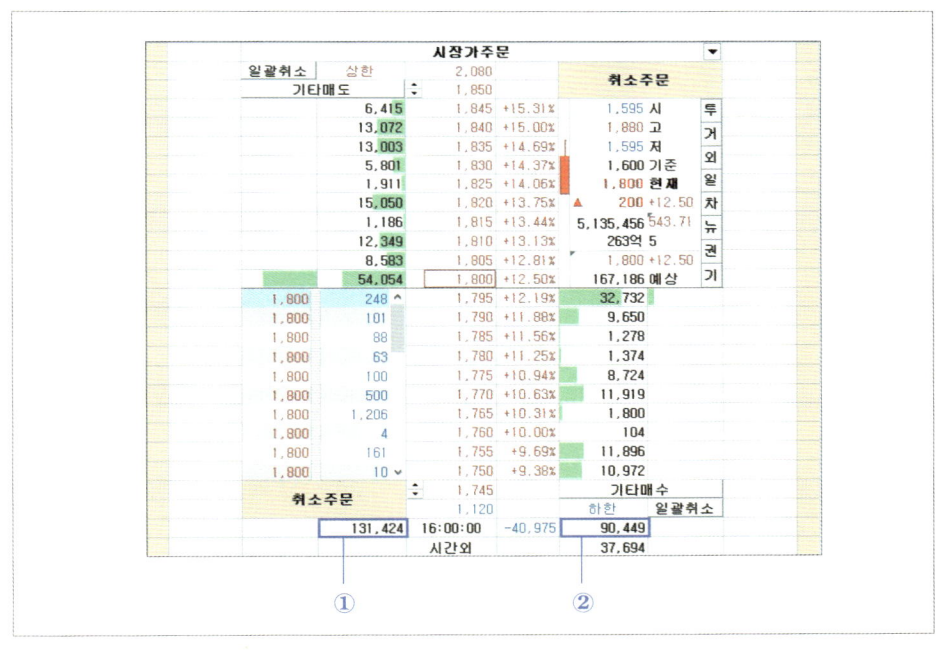

참고로, 1번과 2번 중간에 '-40,975'라고 숫자가 적혀 있는데 이건 매수 총잔량에서 매도 총잔량을 뺀 값이다. 매도 총잔량과 매수 총잔량의 비율을 매매에 참고하는 사람들을 위해 제공하는 정보다. 이상하게 들릴지 모르지만 매도 총잔량이 더 많을 때 주가가 오르는 경향이 있다. 파는 사람이 더 많은데 오른다고? 부동산 생각하면 이상한 일이다. 공급이 더 많으면 가격이 내려가는 게 정상 아니야? 매도 물량이 많이 쌓여 있으면 개미는 겁이 나서 사기를 주저한다. 반대로 매수 물량이 많이 쌓여 있으면 안심하고 매수한다. 세력은 이 심리를 이용해서 호가창에 물량을 쌓아놓는다. 또한 호가창에 드러난 매도 물량, 매수 물량이 전부가 아니다. 호가창 뒤에서 주식과 현금을 들고 언제 팔지, 혹은 언제 살지 고민하는 사람들이 있기 마련이다. 그런 것도 감안해야 한다. 아무튼 이런 설명은 가장 일반적인 것이고, 매수 총잔량이 많은데도 오르는 경우는 얼마든지 있다. 주식 판에 100%는 없다.

그러면 아래 그림은 뭘까?

호가창이 반만 있다. 왼쪽의 매도 호가창은 보이지 않고, 오른쪽에 매수 호가창에만 사려는 사람들이 대기하고 있다. 그렇다, 이게 우리가 그토록 보고 싶어 하는 상한가 호가창이다. 가격 옆에 등락률이 나온다. '+30.00%'라고 적혀 있는 게 보이는가? 상한가라는 말이다. 상한가의 특징은 이 그림처럼 사려는 사람들이 몰려 있다. 그림에는 1,677,030주를 살 수 있는 돈이 걸려 있다. 파는 물량은 하나도 보이질 않는다. 상한가 종목은 당일 가장 높은 가격에 사려는 사람들이 이렇게 많이 몰려 있을 때 계속 상한가를 유지할 확률이 높다. 사려는 사람이 많으므로 팔려는 사람들이 안심하고 기다린다. 물론 누군가 한방에 200만 주를 팔아버리면 상한가는 깨진다.

사례

자, 이제 사례를 보자. 거래량 터지며 상한가에 도달한 종목 [현대비앤지스틸우]다. 날짜는 2020년 6월 4일.

[차트 53] 종목 [현대비앤지스틸우]의 2020년 6월 4일 1분봉이다. 앞에서 10분봉을 본 적이 있다 기억하는가? 그런데 여기서는 1분봉을 본다. 매우 빠르게 움직이는 종목은 시간 단위를 줄여서 1분봉 혹은 상황에 맞게 3분봉 등을 본다.

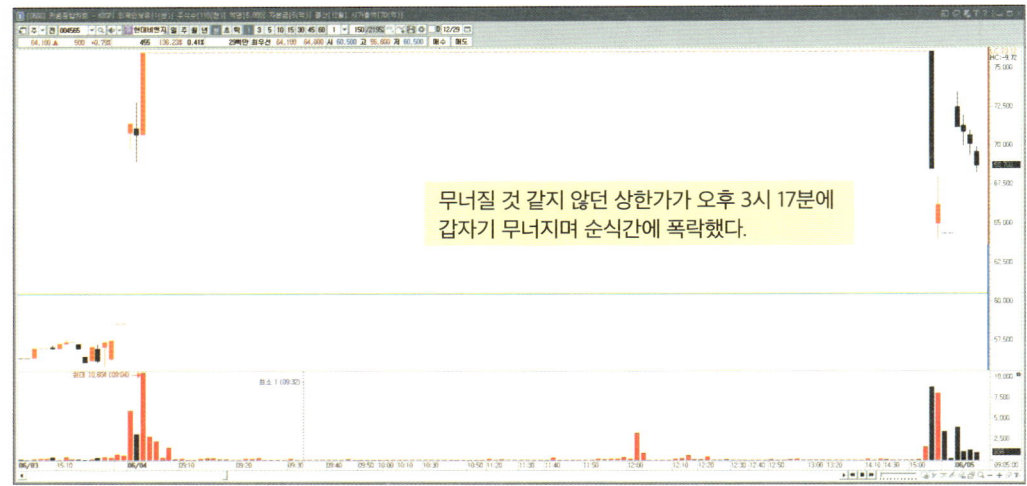

1분봉을 보면 봉이 3개 만들어질 때 상한가에 진입한다. 3분 만에 상한가 달성이라는 얘기다. 3분 뒤의 호가창이 어떤 모양일까? 앞에서 보았던 그런 상한가 호가창 모양이 되겠다. 매수 대기 물량이 잔뜩 몰려 있어서 후순위자는 매수가 쉽지 않다. 반면 팔고 싶은 사람은 언제든지 손쉽게 팔 수 있는 상황이 하루 종일 지속되었다.

이런 종목을 보면 따라 가고 싶은 마음이 드는 게 인지상정. 혹시나 하는 기대감에 상한가에 주문을 거는 사람도 분명 있다. 그런데 놀라운 일이 벌어진다. 장 마감을 불과 30분도 남기지 않고 갑자기 상한가가 무너지며 급락한다.

어쩌면 매수 호가창에 주문을 걸어놓고 대기 중이던 사람들에게는 그토록 기다리던 순간일 수 있다. 그런데 낙폭이 심상치 않다. 폭포수 같다. 상한가 전에 탑승했던 개미들은 하루 종일 가슴 졸이며 버틴 보람도 없이 손해 보고 팔아버리기 바쁘다. 감히 다시 살 생각은 못 한다. 급락 때 사라는 얘기가 아니다. 충분한 검토 없이 급등하는 모습만 보고 따라 들어가서 매수하지 말라는 말이다.

계획 없이 충동적으로 접근한 급등주는 높은 가격에 사게 되므로 주가가 조금만 흔들려도 멘탈이 나간다. 상승폭이 큰 만큼 하락이 나오면 그만큼 낙폭도 커서 리스크가 만만치 않다. 수익도 생각만큼 크지 않다. 상한가 따라잡기, 혹은 상한가에 준하는 장대양봉 잡기는 리스크는 큰 대신 큰 수익을 기대하기 어려운 매매법이다.

일봉으로 다시 보자.

[차트 54] 장 막판에 상한가가 풀렸던 [현대비앤지스틸우]의 일봉 차트

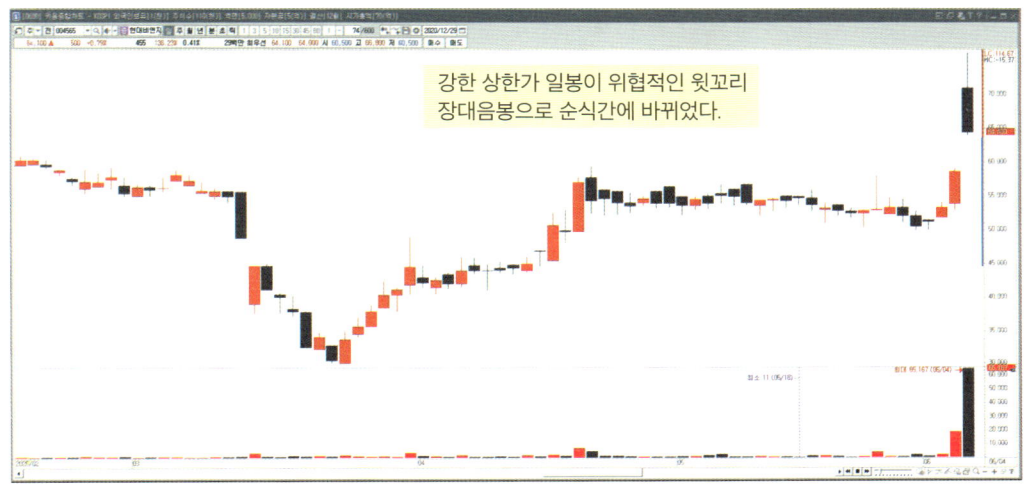

장이 마감된 후의 모습이다. 조금 전까지도 빨간색 상한가였던 종목이다. 지금도 사고 싶은 생각이 드는가? 혹시 오늘도 상한가에 사서 공포에 떨며 손절하지 않았는가? 상한가는 언제든 무너질 수 있으며, 장대양봉은 언제든 장대음봉으로 바뀔 수 있다.

그렇다면, 오늘 상한가로 장을 마감하면 다행일까? 그런 경우에도 무조건 수익이 보장되는 게 아니다. 오늘 종가보다 훨씬 낮은 가격에서 시작하는 경우(갭 하락)도 얼마든지 있다.

[차트 55] 상한가 다음날 -7%로 갭 하락해서 출발한 모습

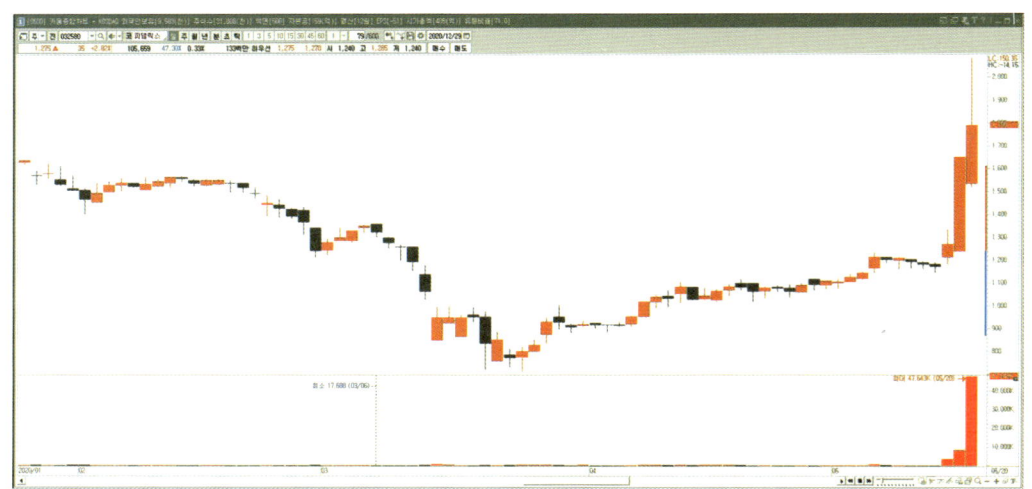

2020년 5월 19일 종목 [피델릭스]는 강한 상한가로 장을 마쳤다. 상한가 직전에 매수에 성공한 개미들이 '내일도 상한가다!'라고 행복회로를 돌리며 흥분된 마음으로 장이 시작되기만 기다린다. 하지만 웬걸, 전일 종가 1,650원에서 -7%가 빠진 1,535원에 출발, 일시적으로 가격을 더 내리며 음봉을 만든다. 이때 놀라서 집어 던진 사람도 있을 것이고, 이어진 반등에 혹시 다시 내려갈지 모른다 싶어 아직 손실 중인데도 서둘러 팔고 빠져나온 개미들도 있을 것이다. 그런데 개미를 놀리듯 주가는 곧장 반등하며 장중 26%까지 오른다.

더 놀라운 개미들이 있다. 아침 급락 때는 언감생심 매수할 엄두를 못 내다가, 다시 급등하여 상한가에 임박했을 때 '어? 진짜 간다!' 하고 매수한 개미들이다. 그들 중의 상당수는 다시 급락하며 윗꼬리를 길게 만들자 당황하며 손절했을 것이 뻔하다. 충동적으로 샀기 때문에 얼마까지 버틸지, 추가 매수할지, 얼마 밑으로 떨어질 때 손절을 할지 시나리오가 없다.

무작정 버티는 개미도 있을지 모른다. 실제로 종목 [피델릭스]는 고진감래다. 하락의 쓰라린 고통을 감내한 결과 수익의 단물을 마실 수 있다. 그렇다면 다음 종목은 어떤가?

[차트 56] 고작 4%로 상승하고 무섭게 하락, 장대음봉을 만들고 마감했다.

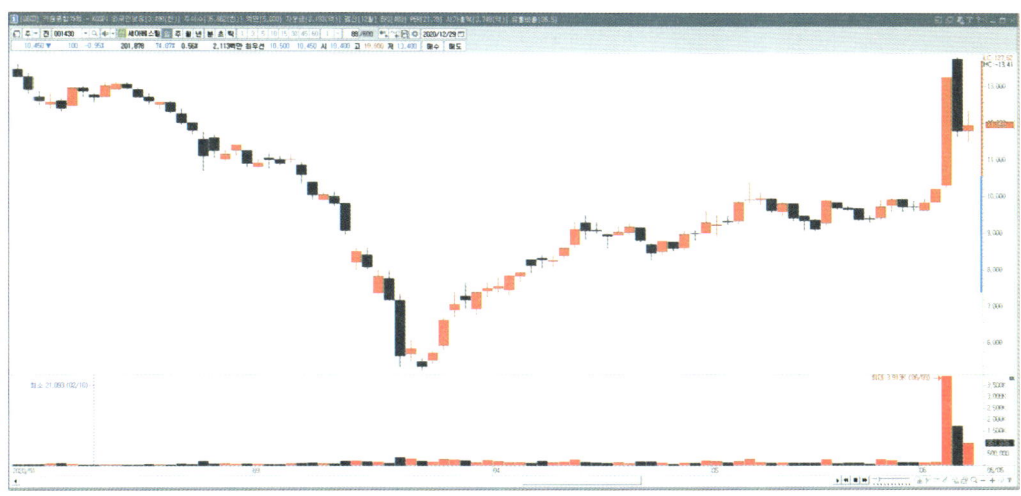

상한가 다음날 겨우 4% 올라서 시작하더니 계속 하락한 종목이다. 그 위험한 매매를 했는데 결과는 초라하다. 수익을 거두었을 확률은 매우 적어 보인다. 4% 수익 구간도 과분한 종목도 있다.

[차트 57] 이건 1%밖에 상승하질 못했다.

종목 [한국제지]다. 다음날 강력한 상승을 기대하고 매수했겠지만 겨우 1% 오르고 죽었다. 1%도 감지덕지라고? 아래 종목을 보자.

[차트 58] 수익 구간을 한 번도 주지 않은 종목

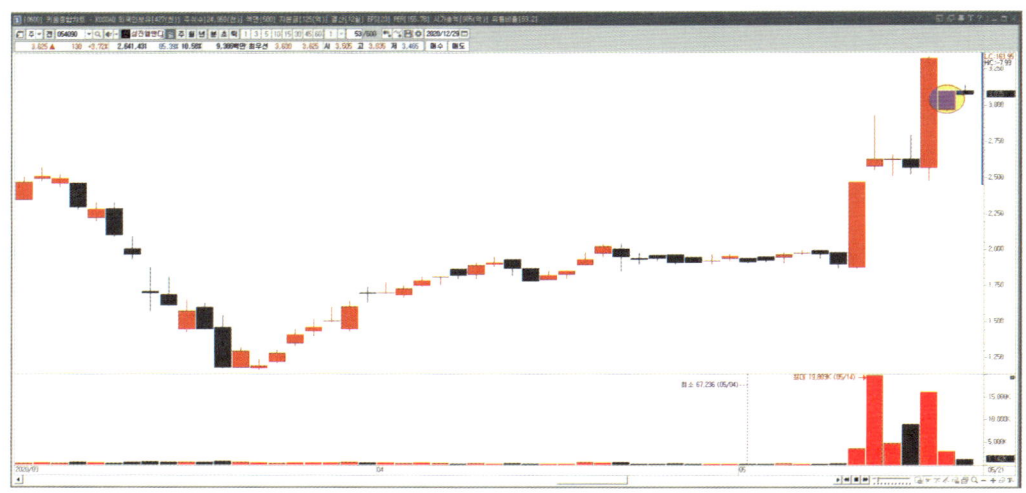

상한가 다음날 전일 종가보다 -10.5% 낮은 가격에 시작했다(노란색 동그라미). 비록 종가는 시가보다 높아서 일봉은 양봉으로 끝났지만 그래도 전일 종가보다 -7% 낮은 가격에서 끝났다. 단 한 번도 수익 구간을 주지 않았다.

물론 모든 상한가 따라잡기가 매번 나쁜 결과로 이어지는 건 아니다. 상한가 다음날 추가 급등하는 종목도 얼마든지 있다. 하지만 실력이 떨어질수록 나쁜 결과만을 안겨주는 종목을 매수했을 가능성이 크다. 왜? 세력들이 유혹한 결과이기 때문이다. 다시 강조한다. 왜 이런 일이 벌어질까?

"세력은 개미가 사는 걸 용납하지 않는다. 동의하는가? 그런데 나에게 차례가 왔다면 그건 혹시 세력이 기다려준 게 아닐까? 제발 사라고? 세력은 개미의 심리를 너무나 잘 안다. 근사하게 만들어 개미들이 꼬이도록 만든다. 왜? 자기들 물량을 팔려고. 그래서 누구나 다 살 수 있게 충분한 시간을 준다. 심지어 사라고 계속 유혹하며 손이 근질거리게 만든다. 반면에 좋은 종목은 매수 타이밍을 길게 주지 않거나, 협박을 일삼으며 팔게 만든 뒤에 급등을 시킨다."

mimir summary

- 양봉은 좋은 것이다.
- 그러나 늘 좋은 건 아니다.
- 과거에 거래가 없던 가격대에서 출현하는 양봉은 결코 좋은 의미의 양봉이 아니다.
- 좋은 양봉은 1) 과거에 거래가 있던 가격대에서, 2) 특히 거래가 많이 이루어졌던 가격대에서, 3) 많은 거래량을 동반하며 나타날 때다.
- 그게 아니라면 의심하고 또 의심해야 한다.
- 그럼, 음봉은 어떨까?

네 번째 포인트

세력의
위협

1
음봉을 누가 좋아하랴?

음봉은 누군가가 열심히 팔아 댄 결과다. '사자' 세력보다 '팔자' 세력이 강하면 주가는 하락하고, 꼴 보기 싫은 음봉이 등장한다. 음봉도 양봉과 마찬가지로 위치나 거래량 등에 따라 다양한 의미를 갖는다. 이 가운데 가장 위협적인 음봉이 있다. 어떤 음봉일까?

❶ 거래량을 동반한 음봉이다. 우리 모두가 잘 알다시피 세력이 팔았기 때문에 생기는 음봉일 가능성이 크다. 조심해야 한다.

❷ 높은 가격대에서 출현한 장대음봉이다. 설령 음봉이 떠도 높은 가격에서 나타나면 음봉으로 안 보인다. 오늘의 음봉을 잊고 내일이면 상승할 것 같다는 이상한 상상을 한다. 대단히 위험한 매매다.

❸ 이 둘이 같이 나타나면, 즉 거래량을 동반하면서 동시에 높은 가격대에서 출현한 장대음봉이라면? 두 번 생각할 것 없다. 최악의 음봉이다. 일단 빠져나온 뒤 다시 사태를 주시한다. 그게 더 큰 손실을 막는 방법이다. 주식을 하다 보면 수익 거두기보다 손실 막기가 훨씬 중요하다는 사실을 알게 된다.

가장 위험한 음봉 ❶ 전 고점보다 높은 위치의 장대음봉

가장 위험한 음봉부터 하나씩 살펴보자. 먼저 전 고점보다 높은 위치에서 나타난 장대음봉이다. 종목 [우성사료]다.

[차트 59] 파란색 직선을 주목하자. 전 고점의 가격에 그은 선이다.

[우성사료]가 상한가를 만든 다음날, 드디어 전 고점을 돌파했다. 그런데 움직임이 심상치 않다. 열심히 오르던 주가는 어느 순간 하락세로 전환하더니 종국에는 긴 장대음봉을 만들며 끝이 났다. 거래량은? 9월 들어 단연 최고의 물량이다. 아주 위험한 음봉이다. 내 눈에는 웬만한 공포 영화보다 무서운 장면이다.

이 음봉이 특히 나쁜 이유는 위치와 거래량 때문이다. 신 고가를 좋아하는 분들이 많다(신 고가 = 전 고점을 뚫었으니 새로운 고가가 나온 것이다. 이를 '신 고가'라고 부른다.). 신 고가가 나오면 그때부터 급등한다는 잘못된 주식 이론으로 무장하고, 저 무시무시한 장면에서도 용감하게 베팅한다. 저 음봉 뜬 자리가 무섭지 않았던 건 아닐 테고, 신 고가의 유혹이 더 컸기 때문이겠다. 공포가 눈을 감은 것이다.

신 고가는 양날의 검이다. 실제로 신 고가를 만든 후 급등하는 종목도 꽤 된다. 그건 매집이 그만큼 잘 되었을 때 벌어지는 일이다. 개미가 별로 없고 세력이 물량의 대부분을 쥐고 있을 때 급등이 가능하다. 하지만 그런 종목은 확률적으로 드물다는 게 함정이다.

무엇이 나쁜 음봉일지 헷갈린다면 기억하라. 1) 윗꼬리가 길고, 2) 음봉 몸통 또한 길면 불길하다. 여기에 거래량까지 붙는다면 최악이다.

> **Tip**
>
> 이쯤에서 딴지를 걸고 싶은 분들이 있을지 모르겠다. 거래량이 많기는 하지만, 전 고점에서 터진 거래량에 비하면 훨씬 적지 않느냐는 게 그들이 반박하는 근거다. 이들은 이렇게 생각한다. '전 고점 부근에서 세력은 매집을 했다. 이걸 팔기 위해서 이번에 올린 것이다. 그런데 매집한 수량이 저만큼인데 이번에 거래된 수량은 아직 턱도 없다. 세력은 아직 안 팔았다.' 주식쟁이들이 종종 하는 말이 있다. '세력이 아직 안 팔았다.'는 말이다. 이건 '그러므로 아직 상승 여력이 있다'는 의미로 쓰는 말이다. 세력이 팔면 주가는 내려간다. 그런데 안 팔았다? 그러면 올라간다. 그런 맥락이다. 아무튼 아직 세력이 판 게 아니라고 주장하는 분들은 하나만 알고 둘은 모르는 격이다. 여기에는 착시 현상이 있다. 앞의 거래량들이 너무 크다 보니 2,500만 주나 되는 음봉 거래량이 위협적으로 느껴지지 않는 것이다. 총 주식 수(=상장 주식수)가 3,000만 주이고 여기서 대주주 지분을 빼면 실제 유통되는 주식은 1,500만 주이다. 그런데 단 하루 사이에 2,500만 주나 거래가 이루어졌다. 무슨 말인가? 유통되는 주식보다 더 많은 양이 거래되었다는 것은 세력의 자전거래가 있었다는 얘기다. 세력이 자기 물량을 자기가 사는 방식으로 가격을 끌어올리며 동시에 물량을 개미들에게 팔아치웠다는 말이다. 물론 전 고점 부근의 엄청난 거래량도 세력의 자전거래 흔적이다. 참고로, 자전거래가 나왔다는 말은, 그저 세력이 자기 물량 자기가 샀다는 액면 그대로의 뜻이 아니라 개미들을 유혹하고 있다는 말이다. 그게 아니라면 거래세 지불해 가면서 그런 짓을 할 이유가 없다. 차트를 볼 때는 혹시 세력의 자전거래로 만들어진 속임수 일봉이 아닌지 잘 살펴야 한다.

가장 위험한 음봉 ❷ 허공의 장대음봉

'허공'이란 지금껏 거래가 이루어진 적이 없는 높은 가격대를 의미한다. 차트를 아무리 앞으로 돌려봐도 일봉이 하나도 없다. 역대 최고가를 기록한 가격대에서 거래량이 터진 장대음봉이 나오면, 이건 '전 고점을 돌파한 장대음봉'보다 더 나쁜 모습이라고 생각하고, 긴장해야 한다. 다시는 등정 기회가 없을지 모르는 에베레스트 정상에서 매수하는 것일 수 있다는 위기의식을 가져야 한다. 세력이 실컷 팔아먹고 스키 타고 쌩쌩 내려갈 때, 춥고 외로운 에베레스트 정상에서 달랑 수영복 걸쳐입고 혼자 벌벌 떨고 있는 자신을 상상해보라.

또 한 가지, 저 긴 장대음봉도 그날 고점에서는 의기양양한 양봉이었음을 잊지 말자. 딱 홀리기 좋은 모습이었을 것이다.

종목 [오공]이다. 주목할 곳은 차트에 '쌍봉 음봉'이라고 적어둔 두 개의 일봉이다.

[차트 60] 주식 판에서 가장 위험하다고 알려져 있는 쌍봉 음봉이다. 무슨 일이 있어도 피해야 한다.

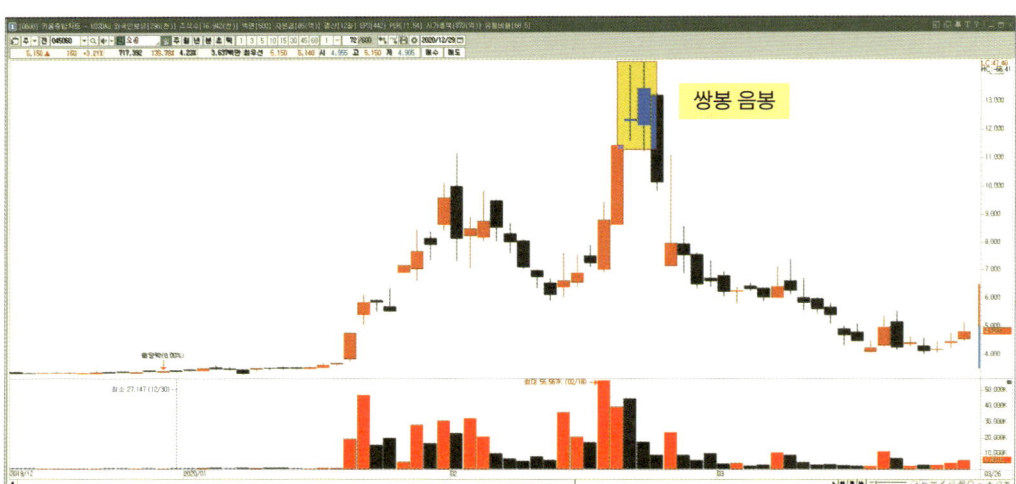

차트를 보면 윗꼬리 달린 장대음봉이 연속 2개가 터졌다. 고점도 비슷하다. 장중에 만났다면 이걸 주목하라. 1) 바로 어제가 아니어도 좋다. 전 고점을 형성하는 전일에 윗꼬리가 긴 음봉이나 양봉이 있고, 그때와 비슷한 고점까지 오른 뒤 윗꼬리가 길어진다. 그러면 일단 대피하라. 세력이 마지막 온기마저 뺏어가려 하고 있다고 생각해야 한다.

> **Tip**
>
> 고점이 비슷한 봉우리 2개를 만들며 하락하는 걸 쌍봉이라 한다. 높이가 비슷한 산봉우리가 나란히 있는 모습을 말한다. <기법편>에 자세히 설명했다.

2
개미를 협박하기 위한 가짜 하락

그야말로 속고 속이는 첩보작전을 방불케 한다. 양봉으로 꼬드겨서 개미에게 팔아먹질 않나, 음봉처럼 만들어서 개미들의 발걸음을 다 돌려 세운다. 음봉은 기본적으로 나쁜 것이지만 페이크 음봉도 있다. 이 가짜 음봉은 매집을 위한 것이다.

매집성 음봉

음봉이 매집에 활용될 때가 있다. 개미가 물량을 내주지 않을 때, 협박하기 위해 음봉을 만든다. 급등을 만드는 도중에도 장중 일시적인 장대음봉을 만들어서 보유 중인 개미들을 내쫓기 위해 음봉을 만든다. 높은 가격에 사서 손에 꼭 들고 있는 개미들의 주식을 빼앗을 때도 그 가격 부근까지 솟구쳤다 내리며 장대음봉을 만들기도 한다. 특히 거래가 많았던 매물대까지 올랐다가 내려온 장대음봉은 세력들이 애용하는 매집 수단 중 하나다. 이밖에도 세력은 물량 확보를 위해 다양한 방법으로 음봉을 만든다.

여기서는 한 가지 케이스만 살펴보자. 봉우리가 아니라 골짜기에서 나타나는 음봉이다.

[차트 61] 뒤에서 살펴보겠지만 이건 '장도지양'이라고 부르는 모양이다. 단, 여기서는 변형된 형태다.

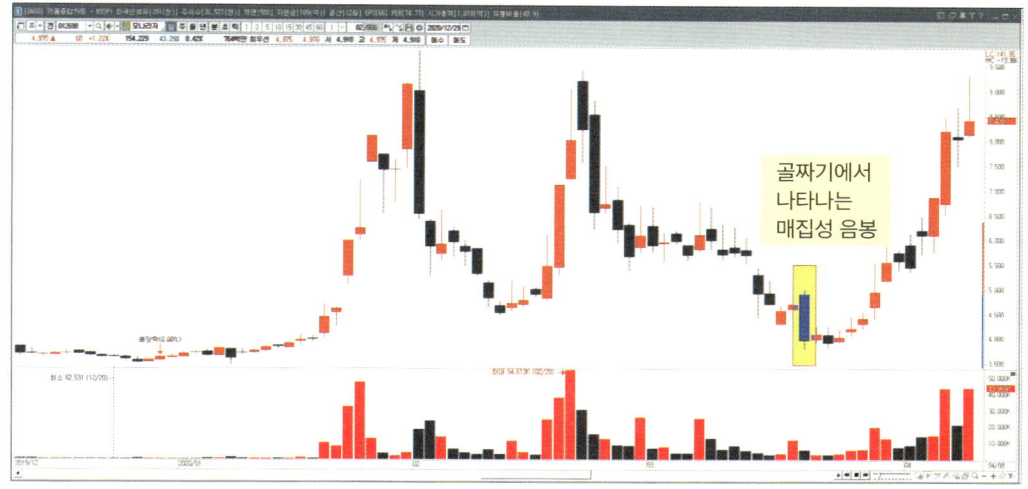

우리가 주목할 지점은 노란색으로 표시한 음봉이다. 이 음봉은 이후 진행 과정을 보면 '위협' 수단으로 쓰였음을 알 수 있다. 그리고 어떻게 되는가? 몸통 짧고 꼬리 짧은 작은 양봉으로 가격을 다시금 회복하고 있다. 내렸다가 다시 올리기. 세력이 자주 사용하는 매집 수단 가운데 하나다.

음봉이 여러 개 등장하는 음봉 매집

종목 [모나리자]다. 바닥을 찍고 다시 급등하는 과정에서 매집성 음봉 무리가 등장한다. 노란 박스로 표시한 부분을 보자. 박스로 표시된 일봉들이 모두 매집인데 5개 일봉 중 음봉이 3개, 윗꼬리 양봉이 2개다.

[차트62] 음봉이 여러 개 등장하는 형태다.

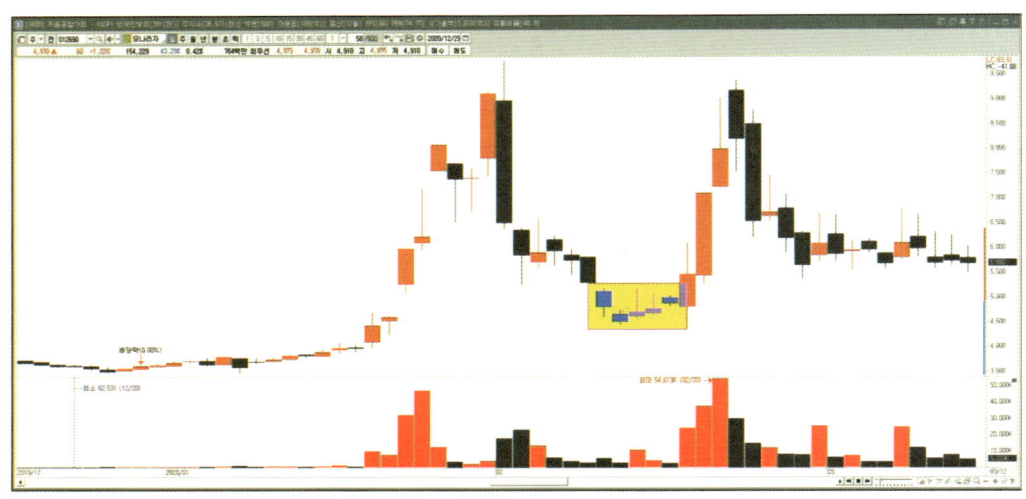

> **Tip**
>
> 차트 61, 62를 보고 매집이 한눈에 보인다면 차트 보는 눈이 상당한 수준에 오른 것이다. 매집이 보일 때까지 보고 또 보자. 그리고 스스로에게 자문하라. 1) 저게 왜 매집일까? 2) 다른 차트에서 저런 매집이 다시 나온다면 즉시 알아볼 수 있을까? 좋은 자리에서 올라타려면 보여야 한다. 저 차트의 매집이 보여야 한다. 보일 때까지 고민하라. 타인의 설명을 기대하지 말고 스스로 찾아보라. 그게 실력 향상에 직방이다.

mimir summary

- 음봉은 나쁜 것이다.
- 그러나 늘 나쁜 건 아니다.
- 개미를 협박하여 물량을 넘겨받은 뒤 다시 상승을 시도하는 좋은 음봉들이 있다.
- 만일 우리가 그런 음봉을 찾을 수 있다면, 그곳에서부터 왕초보 매매가 시작되는 것이다.
- 이제, 초보를 위한 매매법으로 넘어가보자.

매매 네 이놈!

3장

| 왕초보 매수를 위한 2가지 방법

첫 번째 매매법

장도지양

1
종목 [진양폴리], 어디에서 살까?

종목 [진양폴리]의 환상적인 매집을 감상해 보자. 차트 63은 2019년 7월 26일 현재의 차트 모습이다. 한 차례 급등을 마친 [진양폴리]는 급락 중이었다.

[차트 63] 이런 흐름일 때 우리는 어디에서 공략해야 할까?

어디에서 사야 할까? 어디까지 떨어져야 살까? '매물대까지 떨어지기를 기다려서 산다'는 말을 기억하는가? 앞에서 했던 이야기다. 앞의 매물대라면 2,000원 위에서 2,500원 사이 같다(차트 63의 노란색 박스). 이 매물대의 하단까지 내려왔을 때, 즉 2,000원에 가깝게 하락할 때까지 기다리면 좋을 것 같다. 즉 아직은 매수 타이밍이 아니었고, 그래서 관심종목에 넣고 회원들에게 기다리라고 했다. 그러나 단지 매물대 하단까지 떨어지는 걸 기다리는 게 목표는 아니다. 뭔가 저점이라고 판단할 만한 움직임이 포착되어야 한다. 그게 뭘까?

매수 타이밍 잡기

매수 타이밍 잡기는 종목 고르기보다 훨씬 중요하다. 물론 종목 고르는 눈도 정말 중요하다. 그런데 기껏 종목 하나 잘 골라 놓고 매수 타이밍 못 잡아서 모처럼의 수익 기회를 날려버릴 수 있다. 경험들이 있을 것 같다. 아직 덜 떨어졌는데 덜컥 매수해서 여러 날 애를 끓이다가 본전 부근까지 상승하자 쫓기는 심정으로 팔아버렸던 경험. 애매한 가격에서 잡을 때 흔히 겪는 일이다. 매수 타이밍에 대한 이해가 없다면 아무리 좋은 종목을 발견하거나 추천받아도 제대로 못 먹고 나올 가능성이 높다. 심지어 이 좋은 종목에서 손실을 보기도 한다. 미칠 노릇이다.

우선 기억할 게 있다.

"조바심이 났다? 그게 바로 세력이 유혹하고 있다는 증거다."

맞는가? 그럼 기다리자. 며칠 지나자 [진양폴리]는 차트 64처럼 추가 하락이 나왔다.

[차트 64] 반등하는 척하던 [진양폴리]에 추가 급락이 나왔다.

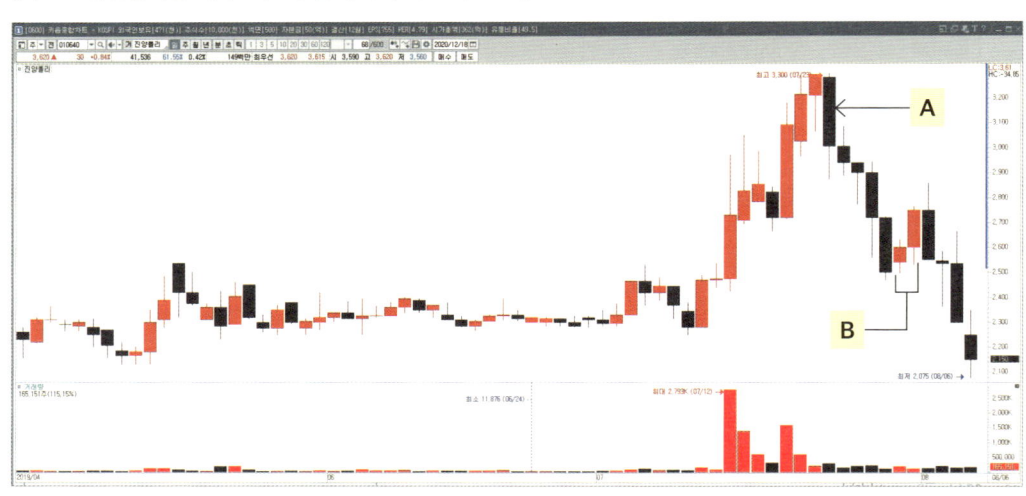

7월 23일 이후 시작된 하락 구간에서, 우선 주목해야 할 지점은 중간에 끼어 있는 빨간색 양봉 2개다(차트 64의 B). 하락이 시작된 날(차트 64의 A)로부터 5일 연속 음봉이 이어지다가 반등이 나올 것처럼 잠깐 2개의 양봉을 만든다. 그러나 반등은 실패로 돌아가고, 다시 4일 연속 음봉이 나왔다.

첫 5일간의 음봉 급락 중에 양봉이 2개 나오며 반등할 때 B 구간에서 매수한 개미들이 많을 것으로 생각된다. 이 정도 떨어졌으면 충분히 떨어졌다는 생각이 드는 게 당연하고, 차트 63의 노란색 박스로 표시한 매물대가 지켜준다고 생각하면 얼마든지 반등이 나올 수 있는 자리이기도 하다(매물대의 상단에서 반등이 나오는 경우가 있고, 매물대 하단에서 나오는 경우가 있다. 매물대에 대한 이야기는 〈기법편〉에서 자세히 다룬다.).

B의 반등이 나오는 이유는 뭘까? 하나는 세력이 남은 물량을 털어내기 위해 일시적으로 상승을 만들 때 나온다. 이런 경우, 반등 위치가 박스권 상단인 경우가 많다. 또 하나는 다음에 반등할 때를 대비해서 매물대를 약화시키기 위한 의도인 경우가 있다. 지금 고점에서 물려 있는 개미들이 눈에 보이면 좋겠다. 이들은 주가가 언제든지 올라오기만 기다리고 있을 것이다. 문제는 세력이 나중에 고점 돌파를 시도할 때다. 하락하던 주가가 금방이라도 전 고점을 돌파할 것처럼 오르면 개미들이 너도나도 팔려고 달려든다. 그러면 고점을 뚫기가 힘들어진다. 그래서 사전에 고점에 물린 개미 숫자를 줄이려고 일시적인 반등을 만든다. '얘들아, 더 큰 손실 보지 말고 이 정도에서 팔고 나가렴.' 그런 이유들로 만들어진 양봉 2개인데 이때 매수하면 고점 못지않은 손실을 입을 수 있다. 실제로 [진양폴리를 비롯한 많은 종목들이 가짜 반등을 만들고 다시 무너지곤 한다. 종목 [진양폴리] 역시 양봉 2개가 무색하도록 곤두박질치기 시작했고, 무려 4일 연속 장대음봉을 만들었다.

저점 신호 잡기

그럼, 진짜 반등은 언제 나올까? 다음 차트에 답이 있다.

[차트 65] 이제부터 눈을 크게 뜨고 지켜보자. 주목할 곳은 차트에 표시한 A와 B, B-1이다.

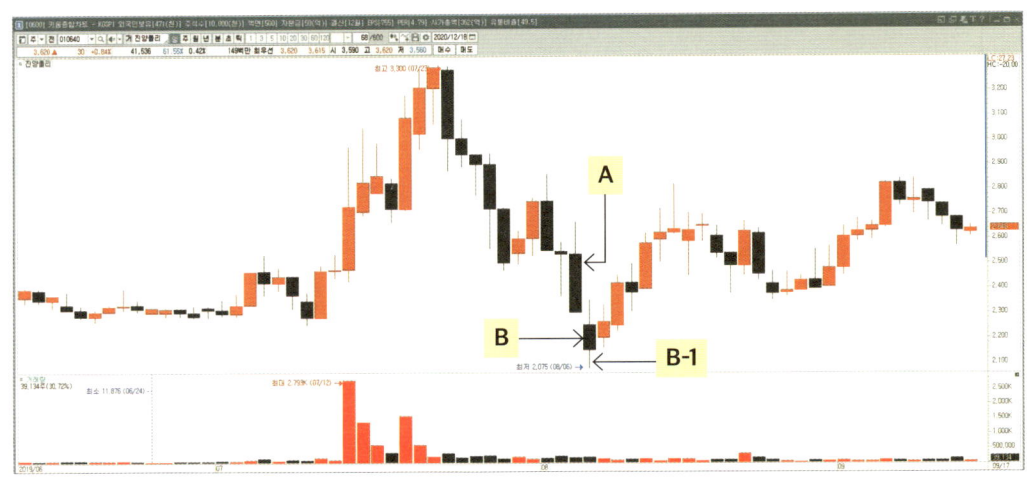

세력의 심리적 공격

볼 게 많은 차트다. 차트 65에서 바닥은 어디인가? 즉 최저가를 기록한 날은 어디인가? B다. B 일봉의 제일 아래 '최저 2,075 (08/06)'이라고 적혀 있다. B 봉으로 바닥을 치기 전날의 음봉 A가 유난히 긴 것에 주목해 보자. A 음봉이 나왔을 때 상단에 사서 물려 있던 개미들 심리는 어떠했을까? 기도하는 심정으로 손절도 못하고 버티던 개미들은 최악의 공포를 느끼게 된다. 윗꼬리 긴 장대음봉 A에 개미들은 전의를 상실한다. 그리고 음봉 B가 뜬다. 공포를 넘어 좌절감을 느끼게 된다. 세력이 이 두 개의 음봉으로 어떤 심리적 효과를 노리는지 이해가 되면 좋겠다.

음봉 A : 개미들의 의지 꺾기
음봉 B : 공포를 넘어 좌절감 주기

왜 음봉이 4번 연속될까?

여기에서 그치는 게 아니다. 음봉 A와 B를 만들기 전에 두 개의 음봉까지 총 4개 연속 음봉을 만든다. 주식에서 4라는 숫자는 상당히 중요한 의미를 갖는다. 3번까지는 버티던 사람도, 4번째는 못 버티고 포기하기 쉽다. 반대로, 강력한 매물대를 뚫고 상승을 할 때도 3번 두드리다가 4번째 돌파하는 경우가 많은데 이렇게 3번의 시도, 4번의 성공이 나오는 이유도 그런 심리적 이유 때문이다(3번 두드리고 4번째 깨뜨린다는 의미에서 '3타4파'라고 부르는 매매 기법이 있다. 역시 심리적 전술이다. 〈기법편〉에 소개한다.).

그 끝에 바닥을 치는 장대음봉 B가 있다. B까지 나오면 단련된 주식쟁이들도 힘들다. 하물며 초보들은 어떨까? 기어이 '내가 졌다' 하며 팔게 된다. 특히 그 파는 자리가 차트 65의 B-1로 표시한 음봉 아래꼬리다. '내가 팔면 가더라.' 구간이다.

마구 팔아치우는 투매 등장

이제 시선을 B-1로 옮겨보자. B-1은 B 음봉의 아래꼬리다. 우리가 보는 건 일봉 차트이지만 분봉으로 보면 어떤 움직일까? 아래꼬리를 만드는 속도가 지금까지와는 다르다. 가속도가 붙으면서 굉장히 빠른 속도로 하강을 시작한다. 생각할 틈도 없다. 지금까지는 1시간에 1~2호가 떨어지던 주식이 몇 분 사이에 빠르고 깊게 내린다. 갑자기 하락의 속도가 빨라지면 공포에 찌들어 있던 개미는 이성을 잃게 된다. 본능이 이성을 제압하고 전면에 나서게 된다. 본능은 더 큰 손실을 막기 위해 머리와 상의하지 않고 손에게 명령을 내린다.

'시장가로 던져라.'

그렇게 투매가 이어진다. '투매'란 하락 구간에서 개미들이 마구 파는 걸 뜻한다. '투매'는 주식 판에서 중요한 신호다. 투매가 나오면 해당 기업이 마치 문을 닫을 것처럼 보인다. 망한 게 아닐까 싶다. 무슨 공시라도 떴나 찾아보면 그나마 이성이 있는 사람이다.

그런데 잠시 후 놀라운 일이 벌어진다. 갑작스런 급락 끝에서 빠른 속도의 반등이 나온다. B-1의 아래꼬리는 이렇게 해서 완성된다. 왜 빠르게 반등이 나올까? 개미들이 따라잡지 못하도록 만들기 위해서다.

2
바닥 신호의 등장

가짜 반등, 4일 연속 음봉, 가속도 붙은 급락과 빠른 회복…… 이건 분명 뭔가 신호다. 그러나 우리는 돌다리도 두드려보고 건너야 하는 주식쟁이들이다. 보다 확실한 신호를 기다린다. 이게 진짜 바닥일까?

바닥에서 자주 나오는 일봉 모양이 있다. 도지형 일봉이다. 도지란 시가와 종가가 같은 일봉이라고 앞에서 이야기했다. 혹은 조금 더 넓게 봐서 시가와 종가가 비슷한 일봉이다. 그래서 몸통이 없거나 짧다. 여기에 윗꼬리와 아래꼬리가 붙어 있는데 꼬리가 길기도 하고 짧기도 하다. 그래도 다 도지다.

가운데 있는 게 도지다. 그림처럼 몸통이 없거나 혹은 다른 일봉에 비해 상대적으로 몸통이 현저히 짧은 경우 모두 도지라고 부른다. 몸통이 얇거나 없기 때문에 대개는 그림처럼 윗꼬리와 아래꼬리가 두드러져 보이는데 이럴 때는 '십자형 도지'라고 부른다. 그러나 꼬리가 있건 없건 모두 다 도지임에는 변함이 없다.

도지, 방향 전환의 신호

도지가 왜 나올까? 아니, 질문을 바꿔서 왜 '도지'라는 말로 이런 형태의 일봉에 이름을 따로 붙인 걸까? 우선은, 양봉도 아니고 음봉도 아니기 때문에 따로 이름을 붙인 것일 텐데 그러나 실전적 관점에서 더 중요한 의미가 있다. 상승과 하락의 힘이 대체로 균형을 이루었다는 의미일 때가 많기 때문이다. 무슨 말인가? 상승 중에 도지가 나오면 '어? 더 상승이 힘들겠네?' 하고 해석할 수 있고, 하락 중에 도지가 나오면 '어? 하락이 끝났나?' 하고 해석할 수 있다. 그래서 주식에서는 도지를 추세 전환의 주요한 지표 가운데 하나로 다룬다(물론 이것만 보고 판단하지 않는다.). 이런 관점에서 본다면 윗꼬리와 아래꼬리의 길이도 나름 의미를 갖게 된다. 양쪽의 꼬리 길이가 비슷하다면 힘은 더욱 균형적이라고 판단할 수 있지 않겠는가?

아무 하락 다음이나 도지가 나온다고 추세 전환이라고 읽지는 않는다. 그런데 장대음봉 다음에 도지가 등장할 때가 있다. 차트 66을 보자.

[차트 66] 장대음봉 A 다음날, 바닥을 찍은 자리에서 도지형 일봉인 B가 등장했다. 일봉 B의 윗꼬리와 아래꼬리 길이도 함께 살펴보자.

도지(차트 66의 B)가 나왔다고 모두 바닥이라고 단정 지을 수 없다. 도지 다음에도 하락이 이어지는 경우도 있고, 상승 도중에도 도지가 나온다. 도지 자체보다 더 중요한 건 도지가 나온 타이밍이다. 어떤 흐름에서 도지가 나왔는지를 보는 게 더 중요하다는 말이다.

종목 [티웨이홀딩스]의 경우 오랫동안 하락을 하다가 1) 갑자기 각도가 가팔라지는 장대음봉 A가 나오고(각도의 변경은 중요한 신호 가운데 하나다. 급락 혹은 급등의 '급'이란 차트 상에서 각도의 변화로 표시된다. 지금까지의 추세를 깨뜨리고 뭔가 급해졌다는 얘기다. 완만한 각도가 급한 각도로 바뀌면 그때 '급'이 된다.), 2) 이어서 도지형 일봉 B가 나왔다.

개미들의 심리를 읽어보자. 장대음봉 A가 나오면 어떨까? 한없이 하락이 이어지던 어느 날 갑자기 긴 장대음봉 A가 등장하면 안 그래도 끝을 알 수 없는 하락에 속이 쓰리던 개미들은 혼비백산하며 물량을 던질 가능성이 커진다. 버티는 개미도 있겠다. 지금껏 참았는데 여기까지 못 참겠어? 그런데 그 다음날 또 갭 하락한다(갭 하락 = 전일 종가보다 더 낮은 가격에서 시작하는 것). 진짜 미칠 노릇이다.

그런데 뭔가 이상하다. 갭 하락으로 출발한 주가는 당일 시가보다 조금 오르며 짧은 양봉을 만들며 뭔가 희망을 준다. 그러다가 다시 시가 아래로 가격을 내리며 음봉을 만든다. 이게 왜 이러는지 모르게 시가를 기준으로 위아래로 오락가락하다가 도지로 끝난다.

    이날까지도 팔지 않고 버틴 개미라면 도지가 뜨던 날은, 하루 종일 불안한 심정으로 보냈을 가능성이 크다. 음봉이 될 때마다 다시 급락하는 건 아닌지 심리적으로 쫓긴다. 그렇다고 시원하게 내려가는 것도 아니어서 버리기도 애매하다. 받쳐주는 물량도 없어서 팔기도 쉽지 않다. 만약 판다면 헐값에 내놓아야 할 판이다. 세력은 왜 도지를 만든 것일까? 이미 개미 물량을 다 받았다고 가정하고, 마지막으로 개미 물량을 털 때 이런 형태가 나온다.

장기간 하락 + 장대음봉 + 도지의 형태

다른 종목도 보자. [티웨이홀딩스]처럼 1) 한없이 하락하다가 2) 장대음봉이 나오고 3) 다음날, 도지가 바닥에서 나타나는 경우다.

[차트 67] 장대음봉 다음날 바닥에서 도지가 뜬 또 다른 경우

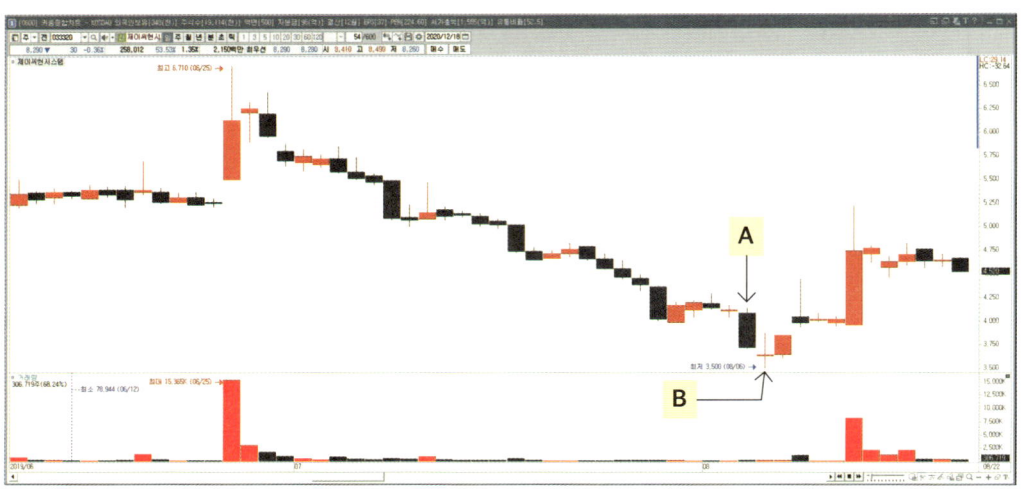

종목 [제이씨현시스템]도 똑같다. 일정한 속도, 일정한 각도로 하락하는 걸 '추세 하락'이라고 한다. 이 종목도 추세 하락을 하고 있다. 그러던 어느 날 장대음봉 A가 뜨며 급락한다. 그리고 연이어 도지 일봉 B가 나왔다. 그리고 이어지는 반등.

참고로, 도지의 몸통도 중요한 신호 가운데 하나다. 몸통이 길면 반등의 힘이 약하고, 몸통이 짧으면 반등의 힘이 더 크다고 판단할 수 있다(확률적으로 그렇다는 얘기지, 절대가 아니다. 주식은 확률 싸움이기 때문에 경험과 대응이 중요하다.).

이평선도 꼭 보자

위에서 다룬 두 종목에는 이 외에도 한 가지 중요한 공통점이 있다. '역배열'이라는 것이다. 역배열의 반대말은 정배열인데 정배열, 역배열은 모두 가격이동평균선(=이평선)과 관련된 이야기다. 이평선은 차트에 기본적으로 제공된다. 그러나 편의에 따라 설정해서 쓸 수 있다. 며칠 동안의 평균 가격을 중시하는지에 따라 5일이

나 10일짜리 이평선을 쓰는 사람도 있다. 5일, 10일은 단기 이평선이라고 부르는데 짧은 기간의 주가 움직임을 보기 위해서 쓴다. 단기 투자에 적합한 이평선이다. 반대로 60일 이평선이나 120일 이평선은 중장기 이평선으로 불리며 더 긴 기간의 움직임을 보는 데 쓴다. 중장기 투자에 적합한 이평선이다. 그리고 그 중간에 20일 이평선이 있다. 20일 이평선은 단기, 중장기 가리지 않고 많은 사람들이 중요하게 여기는 이평선이다. 이처럼 여러 개의 이평선이 있는데 이 이평선의 기울기를 보거나 혹은 주가가 이 이평선 위에서 움직이는지 아래에서 움직이는지 확인하는 식으로 투자에 활용한다. 그리고 여러 개의 이평선이 어떻게 배열하고 있는지 보는 것도 한 가지 방법이다. 특히 상승 추세를 만들고 있는 종목들은 다음처럼 배열될 가능성이 높다.

[차트 68] 정배열 모습. 1~5번의 배열에 주목하자. 참고로, 각 이평선의 색깔은 설정에 따라 바꿀 수 있다.

1번 : 5일 이평선(=5일선)

2번 : 10일 이평선(=10일선)

3번 : 20일 이평선(=20일선)

4번 : 60일 이평선(=60일선)

5번 : 120일 이평선(=120일선)

이처럼 단기 이평선이 장기 이평선 위에 예쁘게 나열되어 있을 때를 '정배열'이라고 부른다. 주가가 상승 추세를 이어가는 동안에 나오는 가장 이상적인 모습이다. 반대로 하락 추세를 이어가는 종목들은 이평선이 정반대로 배열된다. 이를 '역배열'이라고 한다.

[차트 69] 역배열 모습. 숫자는 위와 동일하다. 1번이 기간이 가장 짧은 5일선, 5번이 기간이 가장 긴 120일선이다.

다시 본론으로 돌아가서, 앞에서 다룬 두 개의 종목은 둘 다 '역배열'이라는 공통점이 있다고 했다. 나는 이평선 가운데 20일, 60일, 120일 세 종류만 활용하기 때문에 5일선과 10일선은 없다(20일선 파란색, 60일선 빨간색 120일선 회색).

[차트 70] 종목 [제이씨현시스템]의 역배열 모습

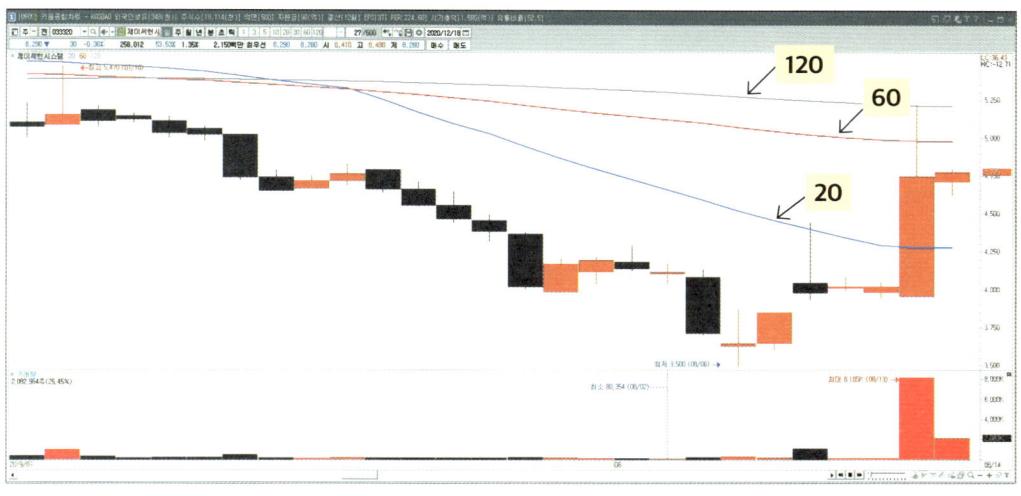

[차트 71] 종목 [티웨이홀딩스]의 역배열 모습

어떤가? 둘 다 역배열이다. 이 역배열은 '장기간 하락 추세'를 이어왔다는 얘기다. 지금까지 이야기를 정리하면 이렇다.

❶ 역배열이 만들어진다. 장기간 하락했다는 말이다.
❷ 가파른 장대음봉이 나온다.

❸ 도지가 나온다.

물론 1번 역배열이 아닐 때도 있을 수 있다. 그러나 2번과 3번은 중요한 바닥 신호다. 강한 반등이 나올 수 있다는 말이다. 그렇다면 우리는 '가파른 장대음봉 + 도지'가 나올 때 매수를 고려할 수 있다. 그러나 아직 한 가지 신호가 더 필요하다.

도지 다음날의 양봉

장대음봉 + 도지 조합에 다음날이 중요하다. 이날 만일 거래량이 붙는 양봉이 나오면 상승 탄력이 커질 수 있다고 생각할 수 있다. 도지는, 상승과 하강의 힘이 균형을 이룰 때 나타나기 때문에 도지 당일 방향을 알기 어렵다. 거래량도 별로 없어서 더 그렇다. 그런데 다음날 도지 일봉의 고가를 넘는 양봉이 나오고, 거래량도 늘었다면 앞으로 반등 가능성은 더욱 높아진다.

목표가

그러면 어디까지 상승할까? 상승 목표가 정해져 있는 건 아니지만 경험적으로 보면 120일선까지는 보통 오른다.

3
장도지양의 사례

지금까지 설명한 게 기법 '장도지양'이다.

- ❶ **장**대음봉
- ❷ **도지**
- ❸ **양**봉

이렇게 3가지 조건의 앞 글자를 따서 지은 이름이다. 2개의 사례만 더 살펴보자. 종목 [이구산업]이다.

[차트72] 장도지양 사례

장도지양이 나왔다. 반등의 힘이 어떤가? 생각만큼 크지는 않다. 반등의 크기를 예측할 때 활용하는 게 있다고 했다. 도지의 몸통이다. 몸통은 짧은 게 좋다고 했다. 그런데 한 가지 더 있다. 도지의 윗꼬리와 아래꼬리의 길이다. 몸통이 짧은 게 좋듯이 꼬리도 길이가 짧은 게 좋다. 종목 [이구산업]에 출현한 장도지양의 도지는 어떤가? 꼬리가 길다. 반등의 힘이 약하다고 예측할 수 있다.

왜 짧은 게 좋을까? 도지 당일, 주가가 변동 없이 팽팽한 긴장감을 유지해야 개미들이 갈등을 하며 하나씩 포기하기 마련이다. 그런데 꼬리가 길다는 말은 당일 주가 변동폭이 크다는 뜻인데 그러면 나가는 개미도 많아지겠지만 새로 매수하는 개미들도 많아진다. 개미를 제대로 못 털게 된다는 말이다. 개미가 많으면 상승에 걸림돌이 된다.

그래도 20일선까지는 상승했다(20일선 = 차트 72의 파란색 선). 힘이 없다 싶으면 20일선에서 정리하는 게 좋다. 힘이 강하다 싶을 때는 120일선을 목표로 삼는다.

다음 종목 [파루]는 장도지양의 변형이다.

[차트 73] 장도지양 변형

종목 [파루]는 도지가 이틀 연속 출현한 모양이다. 도지의 위아래 꼬리가 길어서 힘이 썩 좋아 보이지는 않다. 다음날 양봉을 못 만들고 아래꼬리가 긴 도지형이 나왔다. 그리고 그 다음날 드디어 양봉이 나오며 '장대음봉 + 도지 + 도지 + 양봉' 형태의 장도지양이 완성되었다. 아마도 첫 도지가 뜨던 날 꼬리가 너무 길어서 매집이 제대로 안 됐기 때문에, 다시 한 번 더 도지를 만들며 매집을 한 것으로 보인다.

첫 도지만 보면 힘이 없는 듯하지만 도지를 이틀간 만들며 힘을 축적했는지 장도지양을 완성한 날로부터 7일 뒤에 20일선을 뚫었고, 18일 뒤에 시가갭(=갭 상승)으로 120일선을 돌파했다.

이밖에도 양봉의 아래꼬리가 길 때도 있고, 장대양봉-음봉-장대양봉으로 양봉 2개가 음봉을 감싸는 형태로 나타날 때도 있다. 다양한 차트를 돌려보며 바닥이나 고점에서 어떤 형태가 많이 나오는지 살펴보는 것도 주식 실력을 키우는 데 도움이 된다. 기법은 경험을 통해서 완성된다.

4
이건 장도지양이 아니다

주가가 낮아진 종목을 공략하는 건 좋은 방법이다. 장도지양도 그런 맥락이다. 그런데 무조건 주가가 낮아졌다고 들어가서는 곤란하다. 흔히들 주가가 많이 내린 주식은 내린 폭이 크니 언젠가는 큰 폭의 상승을 할 거라고 믿는 경향이 있다. 그 맹신 속에 폭락한 주식만 골라 매수하는 분들이 많다. 많다고 단언할 수 있는 건, 그 동안 수도 없이 그런 종목에 엄청난 재산을 쏟아 붓고 절망하는 분들을 봐왔기 때문이다. 그럼, 어떻게 장도지양과 구분해야 할까? 봐야 할 게 두 가지가 있다.

❶ 엄청난 상승 뒤의 하락인가?
❷ 낮은 가격에서 거래량이 터지는가?

만일 엄청난 상승 뒤의 하락이라면 피하자. 만일 낮은 가격에서 거래량이 터지고 있다면 역시 피하자. 둘 다 위험한 신호다. 특히 둘이 같이 목격되었다면 절대 쳐다보지 말자.

사례를 보자. 종목 [에스마크]다.

[차트 74] 위험한 하락

[에스마크]는 상장폐지 가능성을 언급하며 카페에 수차례 경고했다. 차트에서 보듯이 엄청난 상승이 있었고, 그 뒤로 끊임없이 하락한다. 바닥에서 수차례 큰 거래량이 터진다. 1급 위험 신호다.

[차트 75] 종목 [에스마크]의 종말. 어느 날 감자 발표를 시작으로, 추가 하락을 이어가고, 돌연 상장폐지 뉴스가 떴다. 이 차트는 정리매매 때의 모습이다. 차트상 최저가는 95원이었다.

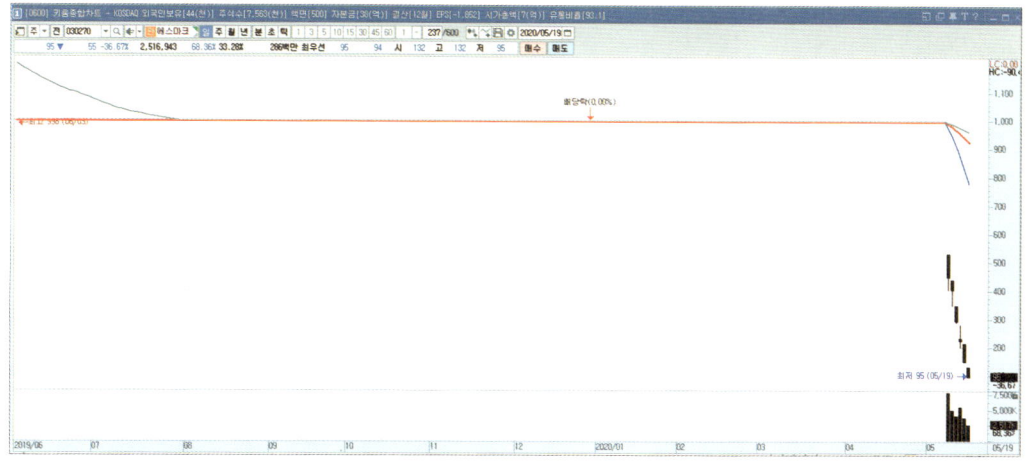

또 다른 종목 [샘코]다. 대폭등이 보인다. 그러다 8월과 10월에 마치 장도지양을 연상시키는 움직임이 나왔다. 그러나 거래량이 어떤가? 여기는 거래량이 터질 가격대가 아니다. 위험 신호라는 말이다.

[차트 76] 종목 [샘코]는 2020년 3월 23일부로 거래정지를 먹었고, 아직도 거래 재개에 대한 소식이 없다.

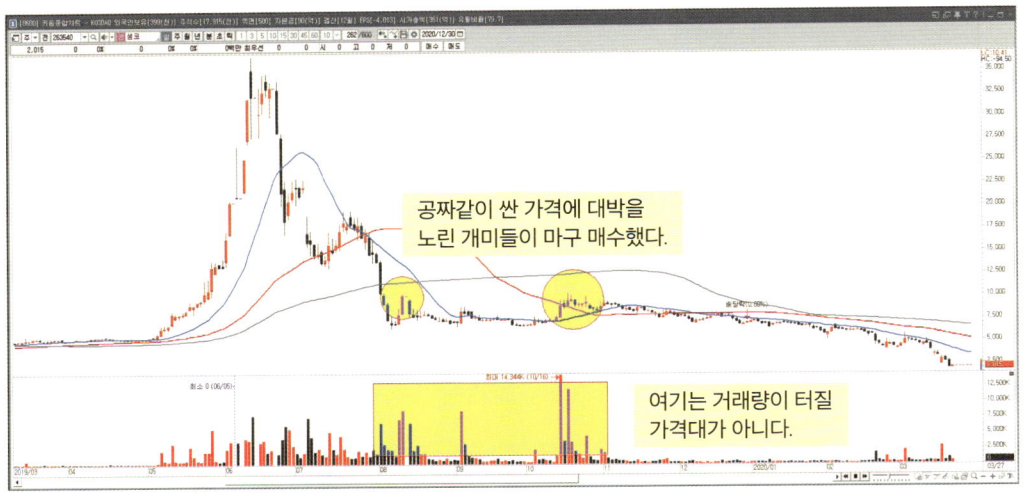

엄청난 상승 이후 종목이 위험한 이유는 역시 세력 때문이다. 저 정도 상승을 만들고 죽었다는 얘기는 세력이 마음껏 해먹고 내려간 것일 수 있다. 고점에서 하락 폭도 중요한데 대폭락이 나왔다는 말은 그 위로 엄청나게 많은 개미들이 곳곳에 물려 있다는 뜻이기도 하다. 개미가 많으면 상승은 힘들다.

아래 종목 [화진]도 똑같다. 역사적인 급등을 마감한 뒤 하락 추세를 이어가고 있다. 중간중간 거래량이 터지고 있고, 이를 세력의 바닥 매집으로 판단하는 사람들이 있다. 언젠가는 고점을 뚫고 오를 거라는 기대 심리로 진입하는 사람들이다. 아마도 인터넷에 '대박 임박'을 외치는 글들이 난무하지 않았을까 싶다. 순진한 개미들이 많이 홀렸을 것 같다.

[차트 77] 역사적 신 고가를 기록하고 하락하는 모습. 신 고가를 찍었다는 말은 세력이 작전을 마무리하고 나갔다는 뜻으로 이해하는 게 좋다.

[차트 78] 그런데 결과가?

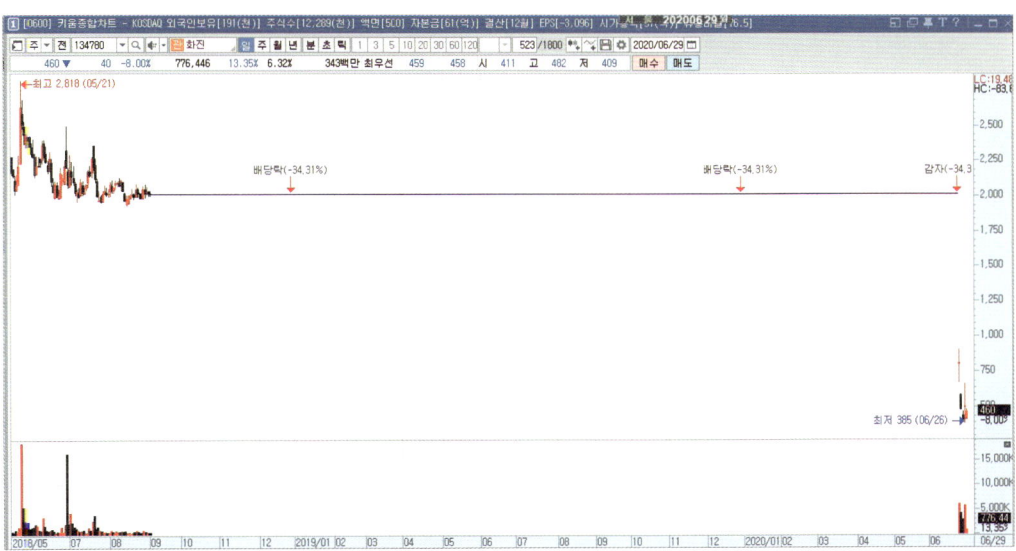

대박을 줄 것 같던 종목 [화진]이, 갑자기 거래정지를 먹었다. 그것도 장장 22개월이나. 그 긴 시간 큰 돈을 물리고 속을 태웠을 개미들이 얼마나 많았으랴. 그렇

게 기다려 거래가 재개되었는데 돌아오는 건 감자다. 대박을 꿈꾸던 주가는 순식간에 반에 반이 되어 버렸다.

추가적으로 확인할 게 있다. 재무가 나쁜 종목이 급등했다가 하락하면 조심해야 한다. 회사가 별로인데 단기 급등했다면 절대 쳐다보면 안 된다. 어떤 종목을 사야 할지 모르겠다면 차라리 실적 좋고 대주주 지분이 많은 종목을 산다. 대주주도 없고, 적자투성이인 종목으로 대박을 노리는 건 쪽박의 지름길이다.

> **mimir summary**
> - 장도지양, 이 책에서 처음 소개하는 기법이다.
> - 바닥을 잡는 방법이다.
> - 장대음봉 + 도지 + 양봉 조합으로 확인할 수 있다.
> - 추가적으로 장대음봉의 하락 기울기와 속도, 도지의 몸통과 꼬리의 길이, 양봉이 생길 때의 거래량 등으로 상승 강도를 예측할 수 있다.
> - 그러나 하락 때 거래량이 붙거나 역사적 신 고가 기록 후 하락일 때는 조심해야 한다.

두 번째 매매법

꼬배기 정배열
매매법

1
기초가 없어도 비교적 안전한 자리에서 매수하는 방법

이건 마음 급한 초보자들이 급등주를 따라가며 물리는 걸 줄여보려는 의도에서 소개하는 매매법이다. 주식을 모르는 분들이 그나마 손실 날 확률이 비교적 적은 방법이다. 그야말로 꼭 주식을 해야만 하겠다는 주린이들을 위한 매매법이다. 순서대로 따라가 보자.

❶ 정배열 종목을 찾는다

종목을 고르는 게 가장 큰 관건이다. 우선 정배열 종목을 찾는다. 여기서 말하는 정배열은 20일선, 60일선, 120일선의 배열을 의미한다. 5일선, 10일선은 뺀다.

[차트 79] 노란색 박스로 표시한 부분이 정배열이 '시작'되는 구간이다. 파란색(20일선)>빨간색(60일선)>회색(120일선).

❷ 장기간 하락 중이거나 급락이 있었던 종목인지 확인한다

정배열이 나오기 전 1) 장기간 하락 구간이 있었는지, 2) 급락이 있었는지 확인한다. 차트 80의 종목 [신풍제약]을 보면 2016년 5~6월 대상승이 나온 뒤 2016년 12월까지 긴 하락 구간을 거친다. 하락이 이어지는 동안 120선^(회색)〉60일선^(빨간색)〉20일선^(파란색)의 역배열이 지속된다. 또한 중장기 이평선인 60일선과 120일선이 하락 추세를 그리며 떨어지고 있다. 그러다가 정배열을 앞두고 20일선이 60일선을 두어 차례 돌파했다가 2017년 4월 초에 이르면 20일선〉60일선〉120일선의 정배열을 만든다(차트 80의 B).

이처럼 역배열을 거쳐 정배열로 넘어간 종목이, 한없이 횡보하며 이평선 정배열을 만드는 종목보다 수익 구간을 줄 확률이 높다.

[차트 80] 장기간 하락 이후에 만들어진 정배열. 차트에서 표시한 A는 20일선이 60일선을 뚫고 오른 뒤 다시 120일선마저 돌파하는 모습이다. 이 무렵부터 60일선이 고개를 들기 시작했고, B 부근에 와서 60일선이 120일선을 돌파하며 정배열을 완성한다.

❸ 두 번째 정배열인지 확인한다

이번에 만들어진 정배열이 두 번째 만들어진 정배열인가? 다시 말해, 앞에 1차 정배열이 있는가? 1차에 이어 2차로 만들어진 정배열이라면 이평선이 꽈배기처럼 꼬여 있기 마련이다. 그래서 '꽈배기 정배열'이라고 부른다.

[차트 81] 두 번째 정배열인지 확인한다.

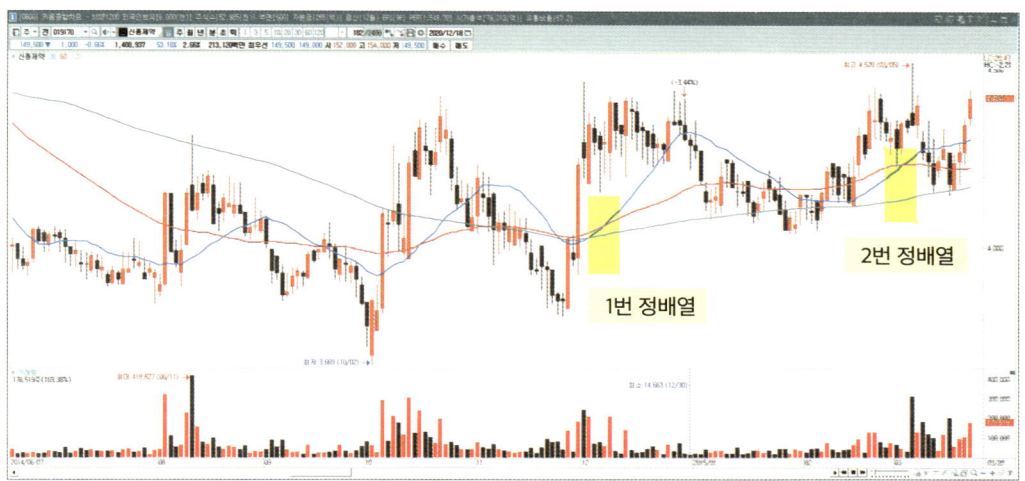

이렇게 총 3가지에 부합하는 종목을 고른다. 하나만 찾지 말고 여러 개 고른다. 관심종목에 넣어두고, 매수 매도 타점을 찾아보자. 어디서 사서 어디서 팔까?

2
매수 매도 타이밍 잡기

매수 타이밍 잡기

어디서 살까? 정배열이 나왔다고 무조건 사는 게 아니고, 역시 떨어지길 기다려야 한다. 어디까지 떨어져야 할까? 두 가지 기준이 있다.

❶ 60일선
❷ 120일선

[차트 82] 차트에 표시한 1~2번이 매수 자리다.

60일선이 1번이고, 120일선이 2번이다. 어디까지 떨어질지 알 수 없으므로 60일선에서 반만 매수하고 기다리는 것도 좋다. 120일선까지 추가로 떨어지면 다시 그 부근에서 남은 반을 매수한다. 혹은 저점을 어디에서 잡아주는지 확인한 뒤 다시 그 지점까지 떨어지길 기다려서 매수하는 것도 좋은 방법이다. 차트 82에서는 처음 120선 부근까지 떨어지고 반등이 나온 뒤 재차 120선까지 하락 후 반등했다.

매도 타이밍 잡기 ❶ 짧지만 확실한 수익

어디서 팔 건가? 많은 경우 20일선에 닿으면 다시 하락한다. 그래서 욕심을 줄인다면 20일선까지 상승했을 때 일단 수익을 내고 청산하면 된다. 수익이 작기는 하지만 비교적 쉽고, 확실하게 수익을 낼 수 있다.

[차트 83] 짧게 보는 경우의 파는 자리

매도 타이밍 잡기 ❷ 장대양봉까지 기다리기

20일선에서 파는 건 좀 비효율적이다. 조금 더 기다릴 자신이 있다면 장대양봉이 나올 때를 기다린다. 기다린 보람만큼 수익을 충분히 거둘 수 있다.

[차트 84] 1번이나 2번 장대양봉에서 판다. 참고로, 2번은 지나고 보니 음봉이지만 장중에는 빨간색 장대양봉이었다. 그때 판다.

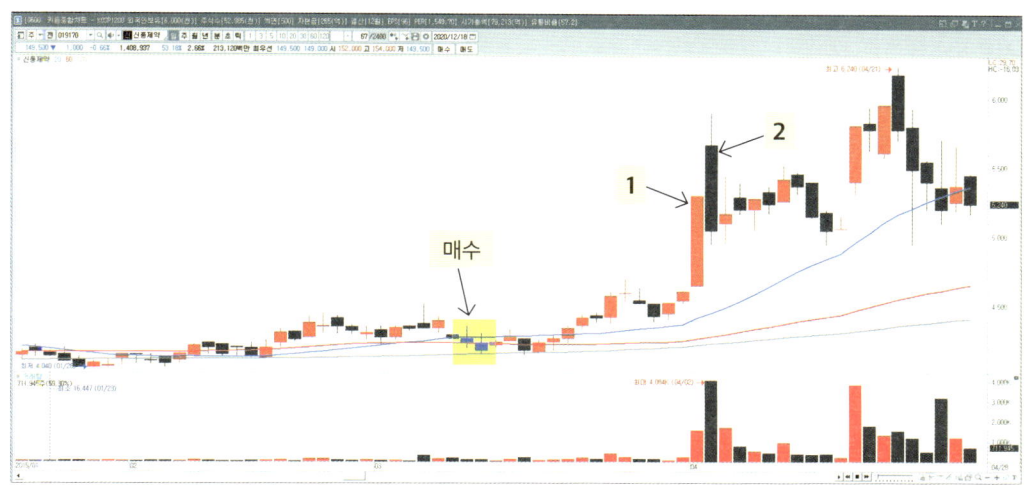

차트를 보자. 매수한 자리에서부터 상승이 나오기 시작하면 1번이나 2번 봉처럼 장대양봉이 나올 때까지 기다려서 판다. 1에서 팔아도 좋고, 2에서 팔아도 상관없다. 양쪽 모두 좋은 매도 자리다.

한편, 1~2에서 팔았는데 나중에 보니 더 올라가 있다고 아쉬워하는 분들이 많은데 그건 잘못된 생각이다. 이 종목이 어디까지 오를지는 아무도 모른다. 대부분의 경우는 장대양봉 한 번으로 끝난다. 장중 장대양봉이 음봉으로 바뀌는 경우도 허다하다. 장대양봉 때 매도하는 건 아주 잘하는 매매다. 참고로, 장대양봉과 같은 급등이 나오면 주가는 20일선과 멀어지기 마련이다. 주가는 묘하게도 20일 이평선을 중심으로 움직이려는 경향이 있다. 거리가 멀어지면(=이격이 커지면) 가까워지려고 한다. 즉 20일선을 벗어나서 너무 높이 상승하면 하락 가능성이 점차 높아진다고 생각하자.

매도 타이밍 잡기 ❸ 전 고점과 비슷한 자리

종목 [신풍제약]처럼 전 고점을 갱신하며 오르는 경우도 있지만 비슷한 높이에서 두 개의 봉우리, 즉 쌍봉을 만들고 하락하는 경우도 정말 흔하다. 그럼, 어떻게 할까? 전 고점과 비슷한 위치나 경우에 따라 돌파가 나올 때 파는 것도 좋은 방법이다.

[차트 85] 전 고점과 비슷한 위치나 전 고점 돌파가 나올 때 판다.

참고로, 차트 85의 경우 전 고점까지 얼마 남지 않았고, 매집이 잘 이루어진 것으로 보이기 때문에 더 오를 때까지 버틸 수 있겠다. 그러나 전 고점이 너무 높을 때는 전 고점 부근까지만 오른 뒤 하락하는 경우도 흔하다.

전 고점 돌파 때 팔 건지, 장대양봉이 나올 때 팔 건지는 사실 선택의 문제다. 차트 공부가 충분히 뒷받침되면 조금 더 좋은 매도 자리를 찾게 된다. 그러나 지금은 수익을 내는 모든 매매는 모두 좋은 매매라고 생각하자. 더 좋은 자리에서 수익 내는 방법은 앞으로 배워가며 익히면 된다.

3
꽈배기 정배열 기법으로 [신풍제약] 공략하기

세간의 화제를 모았던 종목 [신풍제약]이다. 2020년 연초 기준 20배까지 상승했고, 작년 저점 이후 32배까지 상승했던 종목이므로 다들 알 것 같다. 과연 이 종목을 공략하려면 어떻게 했어야 할까? 꽈배기 정배열에 답이 있다.

[차트86] 우선 정배열부터 찾는다.

주가의 위치는 생각지 말자. 정배열만 찾는다. 노란색 박스로 표시한 부분이 2차에 걸친 정배열 구간이다. 1차 정배열이 깨지고 다시 2차 정배열을 만드는 경우, 상승이 나올 확률이 높아지는데 종목 [신풍제약]처럼 아주 강한 상승으로 이어질 때가 종종 있다. 특히 눈여겨 볼 것은 2차 정배열의 모습이 1차와는 형태가 다르다는 점이다.(섣부르게 상승을 만들지 않고 저점을 조금씩 끌어올리고 있는데, 전반적으로 잔뜩 도사린 형태다.)

꽈배기 정배열 1차 공략

2차 정배열이 나왔으니 사긴 사야겠는데 어디서 살까? 이번에는 120일선까지 내려오질 않는다. 노란색 박스 A의 상단 가격을 딛고 반등이 나온다.

[**차트 87**] 앞에서 살펴봤던 종목과 반등 위치가 다르다.

차트에서 노란색 박스로 표시한 A 구간은 '매물대'가 된다. 매물대를 어렵게 생각할 필요 없다. 일봉이 많이 모여 있는 가격대라고 보면 얼추 맞다. [신풍제약]의 경우는 '매물대 상단에서 매수하는 방법'이다. 사실, 매물대 상단에서 반등이 나오는 경우가 120일선 반등보다 더 자주 등장한다. 한편, 60일선이 고개를 치켜들고 상승 중일 때는 60일선을 딛고 반등이 나올 가능성이 더 높다. [신풍제약]도 빨간색 60일선을 딛고 오르는 게 보인다. 그러므로 [신풍제약]은 매물대 상단과 60일선 양쪽의 지지 라인에서 모두 반등이 나왔다고 해석해도 무방하다. 반등할 만한 두 가지 이유가 있는 강력한 반등 자리다.

그러면 어디서 사야 하는지 알 수 있다. 첫 반등 확인 후 두 번째 반등 자리가 좋아 보인다. 그러면 어디서 팔아야 할까?

[차트 88] 대상승으로 이어진 모습

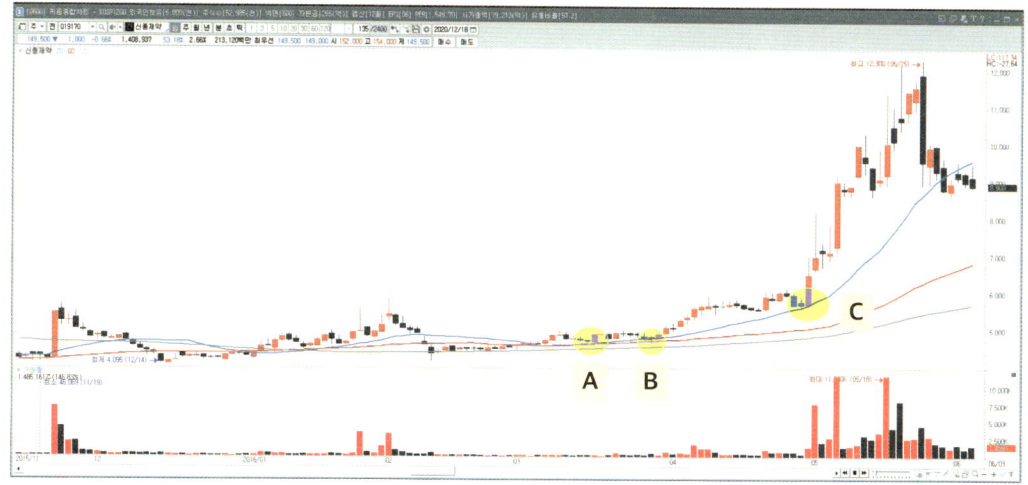

꽈배기 정배열 차트가 모두 이렇게 대상승으로 이어지는 건 아니다. 이때는 매집이 강했기 때문에 강력한 상승으로 이어진 것인데 매집에 대한 심층 공부는 〈기법편〉에서 다뤘다.

정배열 구간에서 첫 반등이 나온 지점이 A다. 매물대 상단이자 60일선과 가까워진 자리였다. 그리고 다시 B에서 매수 기회를 제공했다. B에서 샀다면 어디에서 팔아야 할까?

일반적인 경우라면 1) 전 고점 부근이나 돌파가 나올 때, 2) 장대양봉이 나올 때 판다. 혹은 3) 20일선과 주가가 너무 멀어졌다고 판단될 때 팔거나, 4) 혹은 위쪽 매물대까지 버텨서 파는 방법도 가능하다. 전 고점까지 몇 % 남았는지 체크하는 것도 잊지 않는다. 이 종목은 C에 이를 때까지 장대양봉이 나오질 않았다(장대양봉은 그냥 길쭉한 양봉이 아니라 거래량이 많이 터지며 길쭉한 양봉이다.). 그러다 C에서 거래량을 동반하며 강력한 상승이 나왔는데 이곳은 20일선과 만나는 자리다. 만일 20일선을 딛고 강력한 반등이 나오면 이후 추가적인 상승을 예측해 볼 수 있다.

참고로, 2016년 [신풍제약]은 전고를 돌파하며 대상승이 나왔는데 시간을 앞으로 돌려보면 2013년에 고점을 만들고, 2015년에 고점 부근까지 접근, 일시적으로 전 고점을 돌파했다가 죽는다. 아래 차트 89가 2013년의 전 고점을 2015년에 공략하는 모습이다.

[차트 89] 2013년 전 고점을 2015년에 공략하는 모습

이 경우에는 팔아야 하는 지점이 보다 명확하다. 상승하는 시점에서 장대양봉이 출현했고, 전 고점까지의 거리가 멀다. 이럴 때는 아까워하지 말고 전 고점 부근이나 혹은 거래량을 동반한 장대양봉이 나올 때 파는 게 좋다.

꽈배기 정배열 2차 공략

[신풍제약]의 다음 매수 기회를 찾아보자. 시간이 흘러서 2017년이 되었다. 두 번째 정배열이 보이는가? 이제는 쉽게 찾을 것 같다.

[차트 90] 2017년에 등장한 2차 정배열

2차 정배열을 확인했다면 매수 자리를 찾아야 한다. 어디서 잡을까? 매물대 상단? 좋다. 60일선 위? 그것도 좋다. 둘이 만나는 지점? 그렇다면 금상첨화다. 주식을 하다 보면 알겠지만 신기할 정도로 둘이 잘 만난다는 것, 그 자리에서 반등이 잘 나온다는 것을 알게 된다(차트 91의 A가 매수 자리).

[차트 91] 60일선 위와 매물대 상단이 매수 자리가 된다. 둘이 만나는 자리면 더 좋다.

어디서 팔까? 장대양봉이 나올 때? 좋다. 전 고점이 가깝다면 전 고점 돌파? 좋다. 전 고점이 멀다면 전 고점에 근접한 때? 좋다. 만일 전 고점 부근까지 상승하거나 돌파하는 장대양봉이 나올 때 팔면? 금상첨화다.

[차트 92] 매도자리를 모르겠다고? 수익 난 곳 어디에서 팔아도 좋은 매매다. 나아가 장대양봉에서 팔았다면 훌륭한 매매다. 전 고점에서 팔았다면 대단히 훌륭한 매매다.

꽈배기 정배열 3차 공략

이제 매수 자리와 매도 자리를 잡는 방법이 보이는가? 주린이도 손쉽게 수익 낼 수 있는 꽈배기 정배열 매매법이 눈에 익었는가? 드디어 [신풍제약]의 2019년까지 왔다. 2019~2020년에는 어떤 매수 자리가 있을까?

[차트 93] A와 B는 아니다. 따로 표시하지 않았다. 1차 정배열과 2차 정배열을 찾아보자.

2차 정배열을 찾았는가? 그렇다면 어디에서 살까? 차트 93에서 매수 자리를 찾아보자. 다음 차트 94는 이후 진행 과정이다.

[차트 94] 차트에 표시한 A와 B는 차트 93의 A와 B가 맞다. 너무 많이 올라서 A와 B가 납작해 보인다.

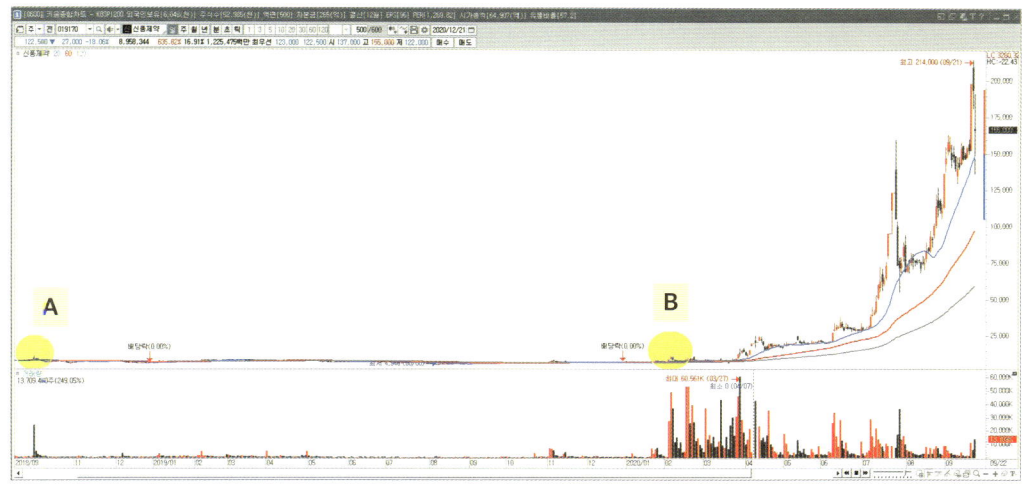

사실, [신풍제약]처럼 날아가는 경우는 1년에 몇 번 보기 힘든 드문 일이다. 꽈배기 정배열 매매법으로 공략한다고 아무 때나 저런 대상승을 볼 수 있는 건 아니다. 그보다는 확률이 높은 방법으로 시장을 접근하는 게 좋다.

그럼에도 [신풍제약]의 고공행진을 보여준 이유는, 3가지 설명할 게 있기 때문이다.

❶ 매집 맛보기

위 차트 94에서 한 가지 눈에 띄는 게 있다. 거래량 지표에서 엄청난 거래량이 터진 구간이다. 1월 말부터 거래량이 터지기 시작하더니, 2월부터는 역대 최고 거래량이 연일 터진다. 이 구간을 자세히 들여다보면 다음 차트 95와 같다.

[차트 95] 거래량이 터진 구간이다. 거대한 매집이 이루어졌다.

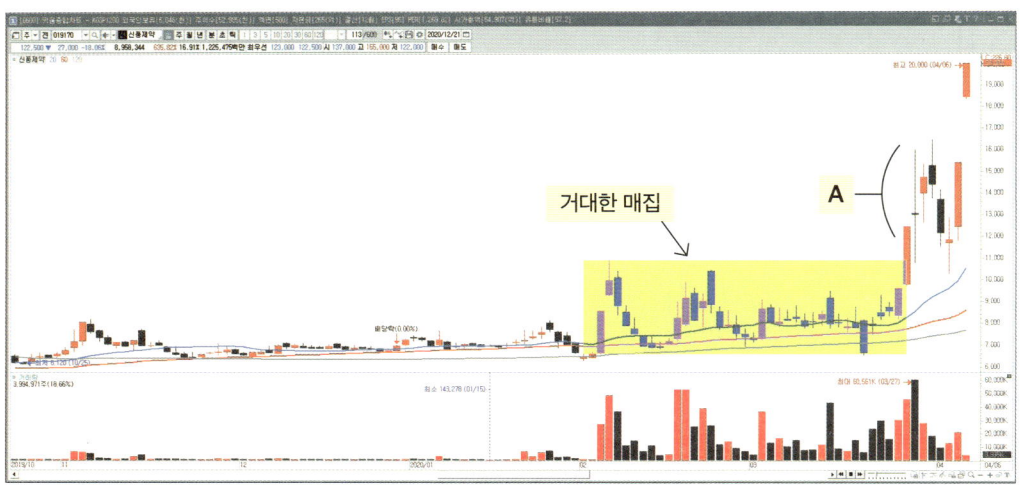

노란색 박스권은 세력의 노골적인 매집 구간이다. 2월에서 3월 사이에 엄청난 매집을 마친 세력은 3월 말부터 상승을 만들기 시작했다(A). 이게 매집인지 아닌지 어떻게 아는 걸까? 노란색 박스에서 움직이는 동안에는 매집인지 확신할 수 없다. 단지 짐작할 뿐이다. 그런데 A를 보자. 저 엄청난 거래량을 다 삼키며 주가가 노란색 박스 위로 올라간다. 그건 세력이 "노란 박스는 모두 내가 매집한 것이다!"라고 소리를 지르는 것과 같다. 만일 매집이 아니라면? 개미들이 팔려고 도사리고 있기 때문에 상승은 불가능하다(불가능한 건 아니지만 그 물량을 다 받아내면서 올리려면 돈이 엄청나게 든다. 세력 입장에서는 매우 매우 비효율적인 짓이다.). 그런데 저 구간을 뚫고 올랐다? 그건 저 구간에서 산 사람이 팔지 않았다는 얘기다. 그렇다면 가격을 올린 사람과 저 구간에서 산 사람이 같다는 말이다. 개미는 주가를 못 올린다. 주가를 올리는 건 세력이다. 그렇다면 저 노란색 구간은 세력의 매집이라고 보는 게 타당한 추론이다.

매집을 마친 [신풍제약]이 드디어 폭등을 시작했다. 저 힘차게 솟구치는 장대양봉을 보라.

[차트 96] 거대한 매집 이후 하늘 높은 줄 모르고 솟구친 [신풍제약]의 모습

❷ 상한가 따라잡기에 나선 개미들

차트 96을 보고 있노라면 나도 따라서 들어가고 싶다. 실제로 많은 개미들이 상따에 나선다. 이 정도 상승은 세력의 힘만으로 이루어지지 않는다. 개미들도 한 손 거들며 상승세를 만든다. 그런데 첫 상한가 이후 두 번째 상한가가 나오고, 다시 세 번째 상한가가 나왔을 때다.

[차트 97] 세 번째 상한가가 나온 날의 모습이다.

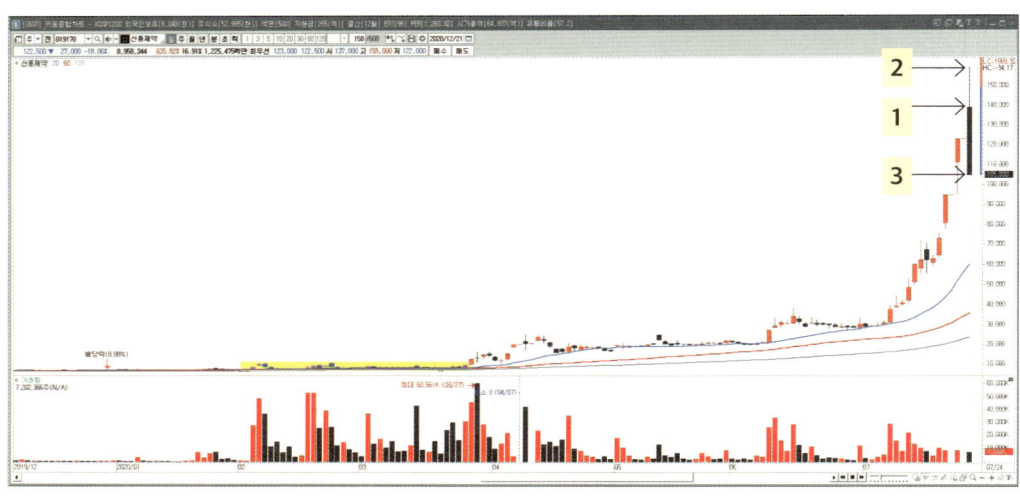

시계를 돌려 세 번째 상한가가 나온 날로 돌아가 보자. 장중에는 상한가였으나 장 후반에 장대음봉으로 바뀌었다. 장대음봉의 1번은 시작 가격이다. 저기에서 이 날 주가가 시작되었다. 그러다 2번 상한가까지 올라서 하루 종일 머물렀다. 그리고 장 마감을 15분 남겨 둔 3시 15분 주가가 무너지기 시작, 3번까지 주가가 내려가며 장대음봉을 만들었다. 우선주인 [신풍제약우]는 그 5분 동안 상한가에서 하한가까지 순식간에 -60%를 기록했다. 다음날도 또 다시 상한가에 갈 수 있다고 잔뜩 희망에 들떠 있던 개미들에게는 청천벽력이었다.

주식에서는 무슨 일이든 일어날 수 있다. 장대양봉은 절대 '매수 타이밍'이 아니다. 도리어 반대다. 팔아야 할 때다. 장대양봉이 나오기 전에 잡을 생각을 해야지 나온 뒤에 잡는 건 무모한 짓이다.

[차트 98] 폭락 순간의 1분 차트다. 매수하려고 받쳐 놨다가 잠시 잊고 있던 사람들, 혹시나 사질까 기대하며 나름 저가에 매수를 받쳐 놓은 사람들의 물량이 종일 쌓인다. 그곳에 세력은 가차 없이 시장가로 물량을 집어 던졌다. 싸게 사고 싶어서 매수 호가에 돈을 걸어두었던 사람들은 사자마자 하한가를 맞는 황당한 일을 당했다.

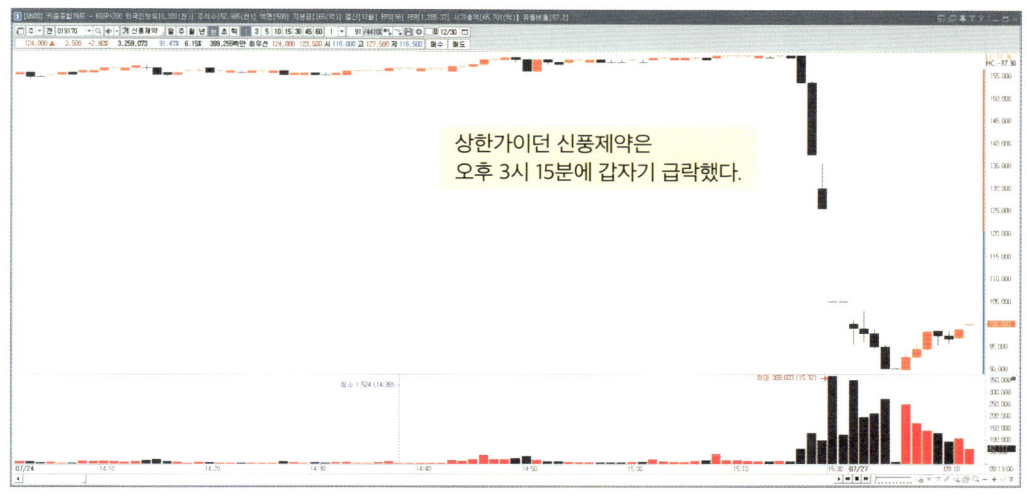

상한가이던 신풍제약은
오후 3시 15분에 갑자기 급락했다.

혹시 나는 절대 안 그런다고 생각할까? 나는 개미들과 다르다고 생각할까? 다른 사람은 실패해도 나는 틀림없이 성공한다는 믿음이 있는 걸까? 이 착각이 주식을 도박으로 만들고, 이 착각이 엔돌핀과 아드레날린을 동시에 분출하면서 두려움을 상실한 용감한 전사로 만든다. 무서워하고 두려워하며 조심스럽게 접근해도 모자랄 판에 공포를 느끼는 감각을 마비시킨 채 주식을 대한다. 주식으로 망하는 사람들은 대개 주변에서 보는 평범한 사람들이다. 돈이 오가고, 특히 회복 불가능한 손실이 발생하면 평범했던 사람들이 모두 똑같은 얼굴로 변한다.

지난 손실은 잊기 바란다. 누구나 실수를 저지른다. 이제부터는 좀 더디고 늦더라도, 공부해서 제대로 안전하게 수익 줄 종목을 찾는 능력을 갖추고 매매하면 된다. 전화위복이라고 생각하자.

❸ 정말 공략하고 싶다면, 이런 자리

장대양봉은 아니라고 했다. 그러면 어딜까? 지금은 굳이 추천하는 방법은 아니지만 반등을 눈으로 확인한 뒤에 매수해도 늦지 않다. 이미 하늘 높은 줄 모르고 솟아 올랐던 종목이므로 어디에서 반등이 나올지 예측하기는 힘들다. 그럴 때 반등자리를 예측할 수 있는 방법이 아래꼬리다.

[차트 99] 장대음봉이 아래꼬리를 만들며 바닥을 치는 모습(노란색 박스)을 확인. 이 아래꼬리는 매집의 일종일 가능성이 높다.

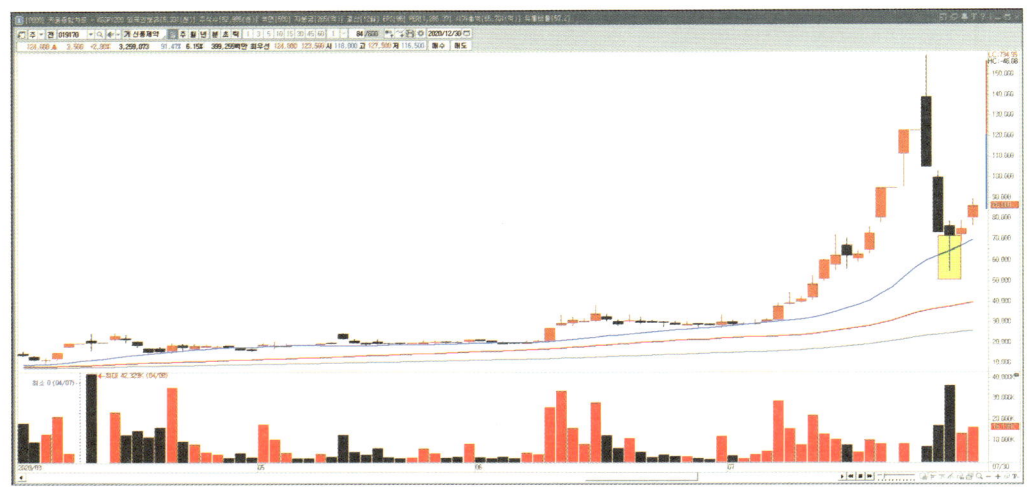

어떻게 잡을까? 하락은 3일간 지속되었다. 하락폭도 엄청나다. 고점 대비 -70%가 넘게 떨어졌다. 매집의 기본은 내렸다가 내려간 만큼 다시 올리는 것이다. 앞서 [신풍제약]의 '거대한 매집'도 같은 맥락이다. 아래꼬리가 생기는 원리도 그렇다. 가격이 내려갔다가 다시 올라온다. 물론 모든 아래꼬리가 다 매집일 수는 없다. 그러나 기본적인 원리로 보면 그렇다.

여기에 한 가지를 더 확인한다. 아래꼬리가 다녀간 자리가 어디인지 보는 것이다.

[차트 100] 아래꼬리가 어디까지 다녀갔을까? 확인해 보니 올라올 때 만들었던 매물대다(노란색 박스로 표시한 지점). 이 자리를 다시 청소하며('청소'란 개미 물량을 빼앗는 것) 재차 매집을 하고 반등을 만든다. 아래꼬리가 나온 날 카페에 글을 올렸다.

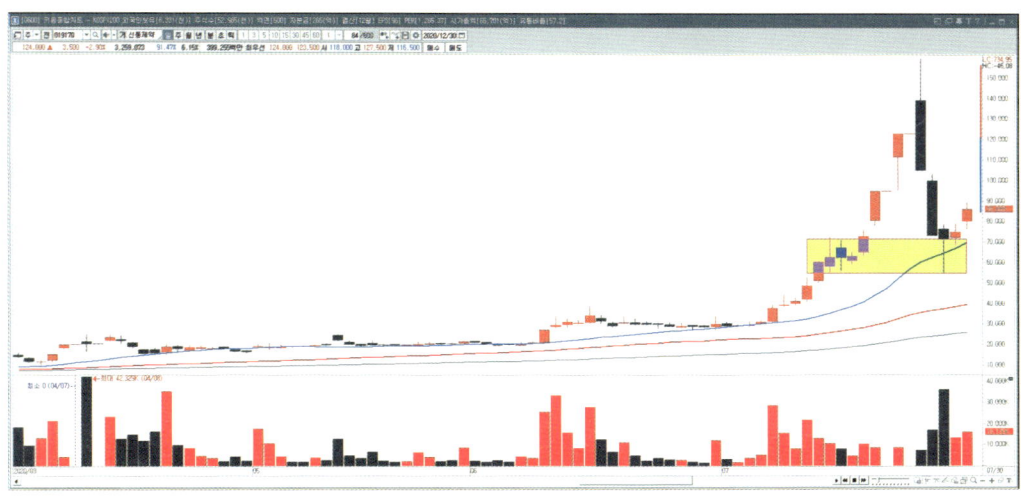

굳이 산다면 이런 자리다. 그러나 이 자리가 보이려면 매집에 대한 이해가 필요하고, 청소도 알아야 한다. 그런 게 아니면 가급적 급등주는 쳐다보지 말자. 실력이 쌓이다 보면 언젠가는 다룰 수 있게 된다. 그럼에도 이렇게 소개한 이유는 앞으로 무엇을 공부해야 하는지 알리기 위해서였다. 공부만이 살 길이다.

> **mimir summary**
> - 꽈배기 정배열 매매법, 이 책에서 소개하는 두 번째 기법이다.
> - 상승 전 움직임을 찾는 방법이다.
> - 1차 정배열 + 2차 정배열로 찾을 수 있다.
> - 정배열이 지속되는 경우보다 1차 정배열 이후 정배열이 풀렸다가 다시 2차 정배열을 만드는 모습이 좋다.
> - 매수 타점은 매물대 상단이나 60일선, 120일선이고, 매도 타점은 전 고점 부근이나 돌파, 혹은 장대양봉이다.

잠깐!
안 사고는 못 배기는 사람을 위한 매매 제안

이런 사람에게 추천한다

- 초보인데 마음 급한 사람에게 추천한다.
- 계좌가 망가져 대수술이 필요한데 '그런 건 모르겠고, 어떤 종목으로 갈아타야 할까요?' 하고 묻는 분들에게 추천한다.
- 현금(=예수금)을 그대로 못 놔두고 무슨 종목이든 사려고 하는 분들에게 추천한다.
- 다른 누군가가 수익을 거두고 있는 모습을 보면 조바심이 나는 분들에게 추천한다.

이분들 이런 특징 있다

- 손절을 못한다. 손절하면 다른 종목을 사야 하는데 또 손실 날까 두렵다. 수익 낼 자신이 없으면 현금을 지켜야 하는데 주식으로 갖고 있어야 안심이 된단다.
- 항상 꼭지(=고점, 꼭대기)에서만 산다.
- 현금만 보면 사고 싶어 안절부절못한다.

그런 분들에게 추천하는 방법이다

- 주식에 100%는 없다. 수익이 안 날 수도 있다.
- 그럼에도 수익을 줄 확률이 높은 자리이긴 하다.
- 차트를 볼 줄 안다면 나름 괜찮은 자리라는 것도 알 것 같다.
- 그러나 차트를 볼 줄 몰라도 괜찮다.
- 기왕이면 차트 공부를 병행하면서 하기를 빈다. 시작하자. 먼저 종목 찾기다.

종목 찾기

❶ 정배열 종목을 찾는다.

앞에서 배웠다. 그러나 2차 정배열을 찾는 건 아니다. 그냥 정배열만 찾자. 이평선은 20일선, 60일선, 120일선만 쓴다. 정배열이란 20일선〉60일선〉120일선인 경우다.

❷ 현재 주가가 120일선 밑에 있는 종목을 찾는다.

정배열인 동시에 현재 주가가 120일선 아래에 있는 종목들이 있다. 그 종목을 찾으라는 얘기다.

❸ 용감하게 음봉에 매수한다.

[차트 101] 여기 좋은 사례가 있다. 정배열이 보이는가? 파란색(20일선)>빨간색(60일선)>회색(120일선) 순서로 배열되어 있다. 현재 주가가 120일선 밑으로 완전히 이탈하여 하락한 게(노란색 박스 부분) 보이는가? 그럼 매수한다. 아마 주가가 하락하는 모습을 보면 겁이 날지 모른다. 그래도 시뻘건 양봉에서 매수하는 것보다 천 배 만 배 낫다. 지금 매수한다. 현재 주가가 앞의 매물대 지지를 받는 자리라면 더 좋겠지만 모르면 할 수 없다. 그냥 매수한다.

잠깐!

양해의 말씀

혹시 이 매매법을 보고 고개를 갸웃하는 분들이 있을지 모른다. 심지어 욕이 나오는 분들도 있겠다. 만일 그렇다면 더 좋은 자리에서 매매하는 분들일 것 같다. 맞다. 차트 공부가 조금만 되어 있어도 이보다 더 좋은 자리가 있다는 걸 얼마든지 알아차릴 수 있다. 그런데 왜 소개하는 걸까? 수많은 상담을 하면서 조언을 무시하고 무조건 매수부터 하는 분들을 너무 많이 봤기 때문이다. 모르는데 용감하다. 용감을 나무라진 않는다. 그런데 계좌가 망가진다. 경험을 쌓으며 이제 조금 뭔가 해보려고 하는데 계좌가 텅 비어 있다. 이 방법이 원하는 만큼 돈을 벌어주지는 못한다. 그러나 계좌가 망가지는 걸 막을 수는 있다. 고점에서 사서 물려 있으니 차라리 소폭이어도 반등이 나올 만한 바닥 자리에서 매수하는 게 백 배 천 배 낫다고 본다. 반면 공부를 통해 제대로 수익을 거두려는 분들이라면 이 방법은 패스하자.

수익 내고 팔기

매수 자리를 알아봤으니 매도 자리도 알아보자.

❶ 120일선에서 80% 판다

120일선까지 반등하면 무조건 절반 이상 판다. 나머지는 조금 더 지켜본다.

❷ 가운데 있는 이평선에서 나머지를 판다

차트에는 세 개의 선이 있다. 20일선, 60일선, 120일선. 120일선이 제일 아래에 있으니 아마도 20일선이나 60일선이 중간에 위치하고 있을 것 같다. 그 중간에 위치한 이평선까지 오르면 다 판다. 더 욕심 부리지 않는다.

[차트 102] 어디서 팔까? 120선까지 오르면 절반 이상, 최대 80% 매도하고 나머지는 중간 이평선(차트에서는 20일선)에서 전량 판다.

손절은?

손절도 알아보자. 반등하는 힘이 약한 경우다.

❶ 일시적으로 120일선을 뚫고 올랐으나 최종 가격이 120일선 밑이라면 다 던진다.

[차트 103] 노란색 박스 부분을 차트 102와 비교해 보자. 120일선을 넘으려는 시도는 있으나 120일선 위에서 마감된 적이 없다. 이런 경우에는 다 팔고 나간다.

❷ 120일선에 일봉이 물려 있으면 20%를 홀딩하라.

일봉 몸통으로 120일선이 지나가는 경우다. 이럴 때는 남은 20%를 그냥 갖고 있는다(120일선에 한 차례 닿을 때 절반 내지 80%를 팔았으므로 남은 물량은 최소 20%, 최대 50%이다.). 다음 날 일봉이 단 한 번도 120일선을 건드리지 못하고 120일선 아래에서 생긴다면 다 팔고 도망친다. 120일선에 닿지 못하면 폭락 가능성이 높아진다. 참고로, 이 매매법은 폭락장에서는 절대 쓰면 안 된다. 폭락장에서는 정배열도 위험하다(폭락장=코스피나 코스닥 등의 지수가 대폭 하락하는 장. 2020년 3월 19일 코로나19로 인한 폭락장이나 혹은 2018년 8월 트럼프의 대중무역 전쟁 선포로 인한 폭락장 등을 찾아보라. 그런 움직임일 때는 다 팔고 잠시 쉬자. 폭락장에서는 소수의 종목 빼고는 다 주가가 하락한다. 안 가는 놈이 더 내려간다.).

❸ 60일선이 하향이면 조심하자.

나쁜 징조가 한 가지 더 있다. 만일 1) 주가가 며칠간 120일선 밑에서 횡보를 하고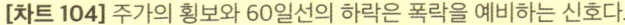(횡보=주가가 파동을 그리지 않고 좁은 가격 박스 안에서만 움직이는 것. 일봉이 옆으로 나열되어 있다. 아래 차트 104의 노란색 박스 구간), 2) 동시에 60일선이 아래로 내려가고 있다면 폭락이 나올 수 있다. 탈출한다.

[차트 104] 주가의 횡보와 60일선의 하락은 폭락을 예비하는 신호다.

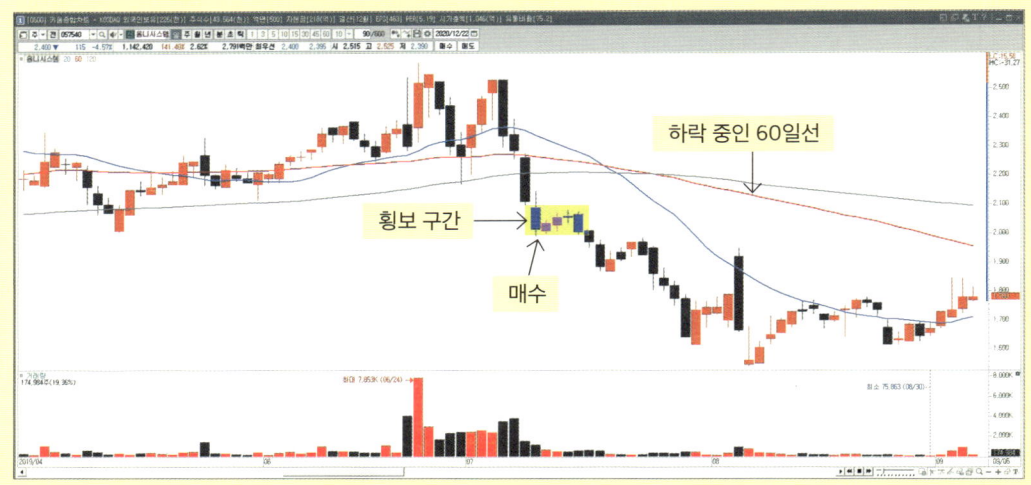

이 자리가 좋을 때

사실 이렇게 약식으로 소개하고 싶지는 않은 매매법이다. 〈주식 네 이놈〉 시리즈를 충분히 공부하여 전후 사정을 살필 수 있다면 얼마든지 이 자리에서 좋은 기회를 잡을 수 있기 때문이다. 그러나 공부 없이 '무조건 이 자리'라는 자세로 덤비면 얼마든지 나쁜 자리가 되기도 한다. 자칫 대하락 추세의 시작점일 수도 있기 때문이다. 따라서 손절 원칙은 철저히 지켜야 한다.

[차트 105] 이 자리는 전후 상황에 따라 급등이 나오기도 하는 자리다. 그러나 차트 105에 표시한 노란색 네모의 자리에 일봉이 만들어지면 버리고 나가야 한다. 저점을 이탈한 곳이다.

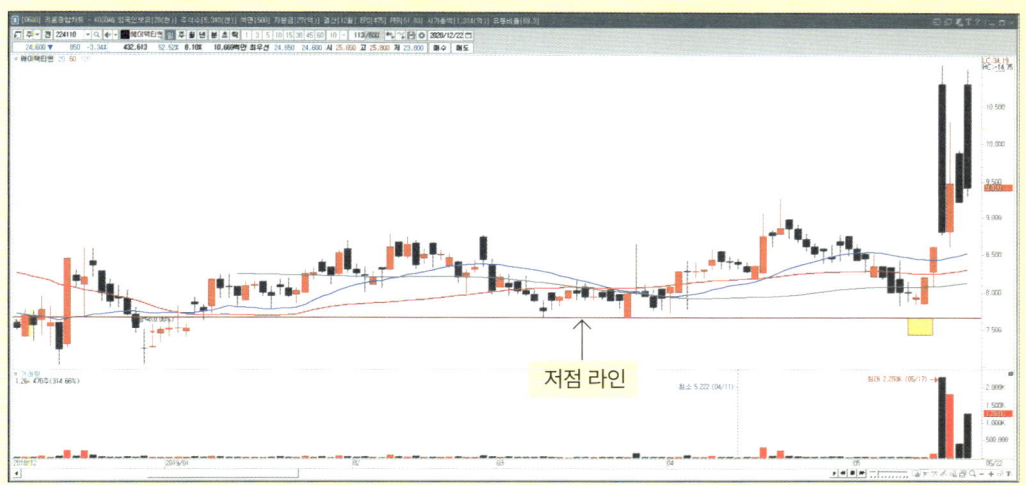

[차트 106] 정배열 때의 120일선이 좋은 매수자리라고 판단하려면 차트를 볼 줄 알아야 한다. 큰 상승이 시작되는 초입에서 세력은 120일선까지 한 차례 하락시킬 때가 있다(차트에서 2개의 노란색 원으로 표시한 곳). 차트를 공부하면 언젠가는 저런 좋은 자리가 보일 것이다. 그때까지 살아남기 바란다.

아무리 좋은 종목도 장대양봉 매수는 결과가 좋지 않다

다시 밝히지만 위 매매법은 썩 좋은 방법이 아니다. 그런데 왜 소개했을까? 장대양봉의 꼭지에서 매수하는 방법보다 이런 음봉 매수가 훨씬 안전하다는 걸 알려주고 싶기 때문이다. 만일 음봉 매수에 공부까지 더해진다면 다음 종목 [대주산업]처럼 좋은 자리에서 음봉 매수로 진입할 수 있게 된다.

[차트 107] 노란색 원으로 표시한 날 카페 회원들에게 추천했다.

종목 [대주산업]은 7월 중순에 처음 진입해서 한 차례 수익을 내고 나온 종목이다. 그러다 2020년 7월 21일 다시 주목하게 된다. 차트 모양은 세력이 상승을 예고하고 있었다. 차트 분석을 할 줄 알면 이런 자리가 보이기도 한다.

추천을 했을 때는 장중 음봉일 때였다. 그런데 이런 좋은 자리에서 추천했는데도 손절을 한 분들이 있다. 왜일까? 음봉일 때는 손이 안 가다가 막상 오르니까 장대양봉에 매수한 것이다. 장대양봉은 언제든 윗꼬리를 길게 달며 음봉으로 돌변할 수 있다. 음봉에 매수하는 습관을 들여야 한다. 겁나겠지만 음봉이 아니면 사지 않겠다는 모진 각오가 주식 공부의 시작이다.

주식 공부가 버티는 힘의 원천이다

그래도 여전히 안타깝다. 차트를 공부하면 정말 많은 게 보인다. 마지막으로 차트 분석의 힘이 가져온 결과를 하나 보여주는 걸로 마무리하려 한다.

한 회원이 오랫동안 물려 있는 종목을 상담 요청했다. 다음 차트를 보면 어떤 생각이 드는가?

[차트 108] 차트에서 노란색 원으로 표시한 부분이 상담을 요청했던 회원이 매수한 자리다.

회원이 나에게 상담을 요청했을 때 이미 1년 정도 물려 있을 때였다. 상담을 했던 시기는 2019년의 어느 때로 주가가 거의 본전을 회복하고 있었다. 매집주라서 본전은 줄 수 있을 것도 같아 조금 더 지켜보라고 했다. 하지만 얼마 후 그 회원이 내게 다시 분석을 요청했을 때는 차트 108처럼 상당히 하락한 뒤였다. 그 회원은 내게 수시로 차트를 다시 봐 달라고 부탁했다. 그때마다 다시 분석을 했다. 초기 매집이 분명했다. 틀림없이 오르는 그림이었다.

"매집입니다. 틀림없이 본전 이상 수익은 줍니다. 시기는 알 수 없지만 언젠가는 틀림없이 오릅니다. 어쩌면 대선 때를 기다리는 것인지도 모르겠네요. 버티세요."

나도 확신하지 못하는 말을 그냥 무책임하게 내뱉은 건 아닐까? 아니다. 만일 불확실한 분석으로 던진 말이라면 가뜩이나 고통에 빠진 사람을 발로 뻥 걷어 차 천

길만길 낭떠러지로 굴리는 일과 같다. 미미르라는 이름을 걸고 하는 일이요, 나를 아는 분들이 한둘이 아닌데 함부로 말을 할 수는 없다. 2020년 3월 코로나19로 인한 대폭장을 겪은 뒤에도 내 대답은 같았다. 차트 분석에 확신이 있었다.

회원은 나를 믿고 추가 매수를 하며 평균 단가를 낮췄다. 그리고 어느 날 연락이 왔다. 1천만 원 수익을 내고 팔았단다. 주가는 그 뒤로 계속 올라서 그 회원이 처음 물렸던 가격 이상으로 올랐다.

[차트 109] 결국 물렸던 가격 이상으로 올랐다.

결국은 매집 찾기다

지난 차트 보고 분석하는 건 쉽다. 그러나 실시간 예측은 어려운 일이다. 여러분은 과연 1/3 토막을 만든 저 엄청난 폭락과 오랜 시간 불안에 떠는 회원에게 틀림없이 수익 주니까 추가 매수하며 기다리라고 말할 수 있을까? 절망에 떠는 회원을 상대로 손절이 아니라 추가 매수를 권할 수 있는가? 처음 매수한 가격 이상으로 오를 거라고 단호하게 답해줄 수 있는가?

내가 그렇게 할 수 있었던 건, 분석에 대한 믿음이 있었기 때문이다. 어떤 뉴스도 참고하지 않았다. 오직 차트만 봤다. 명색이 주식 책인데 재무분석이나 보조지표, 각종 용어 등에 대한 설명이 없다고 불평하는 분들이 있을지 모른다. 그런데 내

주식 사전에는 그런 자질구레한 용어는 존재하지 않는다. PER(주당 순이익이 높을수록 PER가 낮다)가 낮은 게 좋다고 하는데 PER가 낮다고 주가가 오르지 않는다. PBR(회사를 해체했을 때 주당 순자산가치)이 높으면 좋다고 하는데 PBR이 높다고 주가가 오르지 않는다. 우량 회사도 몇 년이고 한없이 바닥을 기는 종목이 즐비하다.

보조지표? 믿지 마라. 보조지표 보고 성공한 사람이 얼마나 되는지 확인부터 해 보라. 재무가 우량하거나 호재가 있는 기업의 주가가 오를 가능성이 높은 건 사실이다. 하지만 상승의 절대 불가결한 필수요소는 매집이다. 매집이 안 보이는 종목은 아무리 우량 종목이어도 소용없다.

물론 보조지표들이 유용할 때도 있다. 나쁜 종목을 피하는 방법을 알려준다. 적자가 심하거나 대주주가 없는 종목은 피한다. 이런 종목도 수익을 주는 경우가 있지만, 가능성이 낮다. 설령 수익 중이라도 언제 어떤 일이 벌어질지 몰라 항상 불안하다. 가능하면 대주주가 최소 30%의 주식을 보유하고 있는 종목으로 매수 종목을 한정한다. 회사가 망가지더라도 자기 지분은 처리하고 떠나려는 게 인간의 본성이기 때문에 빠져나갈 기회는 준다.

그러나 무엇보다 세력의 매집만 못하다. 세력은 매집을 한 후에도 폭락을 시킨다. 세력의 매집가에 큰 의미를 두지 마라. 어떤 폭락에도 세력의 매집에 대한 확신만 있다면 겁나지 않는다. 세력에게 고맙다고 인사하며 추가 매수 기회로 삼게 된다. 세력은 결코 적이 아니라는 걸 알아야 한다. 그들이 없다면 아무리 우량한 주식도 한없이 표류하게 된다. 세력을 사랑하고 그들과 동반자가 되려고 노력하라. 내 지갑을 채워주는 든든한 동반자가 바로 세력이다.

주식을 시작하는 당신에게 드리는 3가지 조언

4장

첫 번째 조언

종목 선정부터
매도까지

1
종목, 어떻게 선정할까?

매집 찾는 법에 능통해진 뒤에도 종목 선정에 실패하는 경우가 많았다. 교학상장이라고 했나? 회원들을 가르치면서 내 매매법의 약점과 단점을 많이 보완했고, 종목 선정에서 실패하지 않는 방법에 대해서도 깨달은 바가 크다.

내가 지난 1년여가 넘게 고른 종목 중에서 단 한 종목도 유상증자가 없었다(유상증자=뒤에 다시 설명하겠지만 일단 악재라고 생각하자.). 관리종목으로 지정된 종목도 없다(관리종목=이름에서 짐작하듯이 문제가 있어서 관리대상이 된 종목을 말한다. 역시 악재다.). 감자나 상장폐지된 종목은 당연히 하나도 없다. 꽤 많은 종목을 골라서 추천했음에도 이런 결과가 나온 것은 간단한 몇 가지 원칙을 지켰기 때문이다.

첫째, 대주주가 없는 종목은 매수하지 않는다

대주주 지분이 최소 30% 이상일 때, 달리 말해 유통 비율이 70%를 넘지 않는 종목만 매매한다. 대주주 지분이 40%가 넘으면 유상증자를 할 가능성이 거의 없다(이유는 앞에). 내가 고른 종목 중에는 없었지만 간혹 대주주 지분이 30%대인 주식이 유상증자를 하거나, 관리종목으로 지정되는 경우가 있었다. 따라서 최소 마지노선은 대주주 지분 30%이나 기왕이면 40% 이상 종목에서 투자 종목을 선별한다.

둘째, 대주주 지분이 높아도 적자가 심한 기업은 쳐다보지 않는다

아무리 차트가 좋아도 적자가 심한 기업은 매매하지 않는다. 불량한 회사는 차트도 교묘하게 왜곡시키는 경우가 많아서, 차트도 믿을 수 없다.

셋째, 상한가를 친 전력이 있는 종목 중에서 고른다

과거 200일 이내에 한 번 이상 상한가를 친 종목 중에서 많이 선별한다. 상한가 전력이 있는 종목을 '끼가 있다'고 표현한다면 끼가 있는 놈이 다시 끼를 부릴 가능성이 크다고 보는 것이다. 1년 내내 상한가 한 번 없이 밋밋하게 움직이는 종목은 매력이 없다. 내가 고른 종목들이 한결같이 상한가나 그에 준하는 장대양봉을 만들고 끝나는 이유도 이 때문이라고 본다(물론 매집을 확인한 결과이기는 하다.).

2
몇 년 전 차트까지 봐야 하는가?

회원들에게 많이 받는 질문이다. 몇 년 전 매물대까지 참조해야 할까? 굳이 4~5년 전의 매물대까지 볼 필요가 있을까 싶은 게다. 내 원칙은 이렇다.

"오래 전 매물대도 시간이 갈수록 약화는 되지만, 참조는 해야 한다."

종목 [씨젠]은 왜 오래된 매물대를 봐야 하는지 잘 알려준다.

[차트 110] 종목 [씨젠]은 오래된 매물대를 봐야 하는 이유를 잘 보여준다.

[씨젠]이 돌파에 공을 들인 가격대를 차트에 적었다. 3월 10일 69,800원 고점을 터치하고 하락한 뒤 반등하며 55,800~73500원 사이를 오르내렸는데(개미 털기, 즉 '청소'를 위해) 특히 66,900~73,500원 사이를 집중적으로 오가다 급등을 시작했다.

왜 66,900~73,500원일까? 월봉을 살펴보자.

[차트 111] 이전 매물대에 답이 있다.

월봉 차트를 보면 2015년에 [씨젠]이 상장 후 최고가를 찍었던 가격이 보인다. 얼마인가? 71,700원이다. 당시 거래량도 엄청났다. 이 구간을 청소하기 위해서 2주가 넘도록 급등락을 되풀이하며 공을 들였고, 마지막 4일간은 66,900~73,500원 사이를 오가며, 역대 최고가에 장기간 물려 있던 개미들의 물량을 빼앗고 급등했다.

생각보다 장기간 물량을 보유하고 있는 개미들이 많다. 이 때문에 시간이 오래 흘러도 매물대는 여전히 매물대로 남아 영향력을 행사한다. 그 매물대를 청소하지 않고는 강한 상승을 만들 수 없다.

3
매수 이후의 시나리오를 생각한다

매수를 할 때는 몇 가지 시나리오가 머릿속에 떠올라야 한다. 일명 대응 전략이다. 기대한 것처럼 바로 급등이 나오면 좋겠지만 현실은 다르다. 언제든 급락이 나올 수 있는 게 주식이다. 뜻밖의 사태를 대비하고 있지 않으면 기껏 좋은 종목 좋은 자리에서 매수해 놓고 파는 건 엉터리가 된다. 어렵게 느껴질 수 있다. 그럼에도 대응 시나리오가 확실히 떠오르지 않을 때는 매수하지 않는 게 좋다. 대응 시나리오가 왜 중요한지 사례 하나를 보자. 아래는 매집이 진행 중이라고 판단하고 추천한 종목 [한국정보공학]이다.

[차트 112] 차트 마지막 날이 추천한 날이다.

2020년 3월 24일, 제자들에게 [한국정보공학]을 추천했다. 이후 진행 과정은 차트 113처럼 무난했다.

[차트 113] 예상대로 무난하게 상승하며 장대양봉까지 만든 모습

내가 고른 종목들은 장대양봉이 터지며 마무리를 짓기 때문에, 큰 매물대까지 도달하거나 혹은 매물대에서 장대양봉이 터지는 날 청산하는 게 일반적이다. 실제로 정석대로 매물대에서 장대양봉이 나와서 전량 팔고 빠져나왔다.

그런데 상황이 묘했다. [한국정보통신], [한국정보인증] 등 자매 종목들은 다시 매물대를 뚫고 급등을 했는데, [한국정보공학]만 윗꼬리 긴 양봉을 만들고 하락했다. 거래량을 분석해 보니 여전히 매집 물량을 털지 않은 상황으로 보였다. 장대양봉 이후 주가는 횡보 하락을 하고 있었다. [한국정보공학]도 자매 종목들처럼 다시 급등할 거라 판단했다. 그래서 차트 113에 표시한 대로 다시 매수를 추천했다. 그런데 주가는 시큰둥했다. 위 차트를 보면 어떤 생각이 들까? 두 번째 추천한 위치에서 샀다고 가정하면 어떤 선택을 하는 게 옳을까? 힘없이 하락하는 모습에 손절을 고민할까? 물론 제자들은 나를 믿고 있었고, 그래서 추가 매수를 하거나 추가 매수 기회를 노리고 있었다. 손절한 분은 없었다. 결과는 어떻게 되었을까? 하락하던 어느 날 갑자기 장중 상한가가 나왔고 모든 회원이 수익을 거두고 빠져나왔다.

예상에 없던 하락이 있었으니 예측이 틀린 것 아닌가 하고 생각하는 분들이 있을지 모른다. 그러나 주식은 기대대로 움직이지 않는 경우가 많다. 그래서 물리는 것 아니겠는가. 그러나 분석이 옳다면 큰 그림은 문제가 없다. 다만 목표에 도달하

는 과정에 수많은 변수와 다양한 길이 존재하는 것이다. 이를 이해하고 시나리오를 짜는 게 중요하다.

[차트 114] 장중 상한가를 기록했을 때 캡처해둔 차트다. 상한가 도달 후 윗꼬리를 길게 만들며 하락했다.

시나리오란 무얼 말하는 걸까? 나는 이 종목을 공략하며 최악의 경우 전 저점인 1,590원대까지 하락할 수 있다고 생각했고, 그래서 추가 하락을 대비해 추가 매수를 준비하고 있었다. 그러나 추가 하락은 없었고, 저 정도 수준에서 눌리다가 수익 자리를 주었다.

'지하실 밑에 또 지하실'이라는 주식 격언이 있듯이, 주식은 얼마든지 예상을 벗어나 움직일 수 있다. 그런 상황마저 대비하며 매수하는 게 주식인이 아니겠는가. 어쩌면 그 긴 시간을 물려 있어야 한다는 게 납득하기 힘든 분들이 있을지 모르겠다. 기다릴 바에는 다른 종목으로 갈아타는 게 낫다고 생각하는 분들이 대다수일 것이다. 갈아타는 것도 나쁘지는 않겠다. 그런데 갈아타는 것도 능력이다. 갈아탄다고 다 갈까?

어쩌면 기다리는 매매가 스타일일 수도 있겠다. 나는 안전하게 수익 낼 수 있는 시나리오를 선호한다. 시간이 조금 더 걸리더라도.

4
분할 매수하는 방법

시나리오란 결국 분할 매수라고 정의된다. 그런데 분할 매수라고 하면 대개 이렇게 생각하고 실행한다.

"비슷한 가격대에서 여러 차례 나누어 매수하는 것."

그건 분할 매수가 아니다. 진짜 분할 매수란 이렇다.

"처음 산 가격보다 많이 하락했을 때 추가 매수를 하는 것."

분할 매수는 선택이 아니라 필수다. 분할 매수라고 전제하고 매수를 해야 시장의 변동이나 세력의 과격한 운전에 대응할 수 있기 때문이다. 한편 분할 매수를 하려면 일정 비율의 현금을 항상 들고 있어야 한다는 말이기도 하다. 예수금 한 푼 없이 다 주식을 사고 있으면 절대 분할 매수도 안 되고, 대응도 안 된다.

분할 매수, 시나리오, 현금 준비 등은 모두 '인내심'을 요구한다. 때가 되기를 기다릴 줄 알아야 가능한 매매라는 말이다.

2020년 6월 초다. 한 회원이 장마 테마주라며 [코리아에스이]를 분석해달라고 요청했다. 보니 매집이 진행 중이었고, 물려도 얼마든지 추가 매수로 충분히 수익을 낼 수 있을 것 같았다. 음봉 매수를 권하며 카페에 공유했다. 회원들이 매수를 시작했고, 일부 회원은 5%, 10% 내릴 때마다 조금씩 추가 매수하며 단가를 낮추며 물량을 늘렸다.

[**차트 115**] 분석을 요청받은 종목 [코리아에스이]의 당시 차트

2020년 6월 26일 장이 시작한 지 얼마 지나지 않아 상한가를 쳤다. 추천한 대로 음봉에 분할 매수한 회원들은 상한가에 팔거나 조금 더 기다리다 상한가가 무너진 다음에 팔고 나왔다. 이때 한 회원이 댓글을 달았다.

"대단하십니다. 저는 성격이 급해서 기다리는 게 너무 힘들어요."

대댓글을 달아주었다. 이 책을 읽는 분들에게도 하고 싶은 말이다.

"차트가 확실하면 기다려줘야죠. 물려도 겁 안 나거나 확실히 수익 줄 종목이 흔한 게 아니죠."

내 입장에서는 '겨우 한 달'인데 댓글 단 분은 '한 달씩이나'였던 모양이다. 혹시 여러분도 '한 달씩이나'라고 생각하는가? 그러나 나는 몇 달도 기다린다. 수익을 내고 나오리라는 걸 아니까 기다릴 수 있는 것이다.

5
미수나 신용으로 매수하지 마라

진부한 말이라고 생각되는가? 혹시 그렇다면 자신의 매매가 문제는 없는지 되돌아 볼 필요가 있다.

미수나 신용을 쓰는 이유는 투자금을 늘려서 매수하는 효과 때문이다. 주식 무서운 줄 모르는 사람일수록 미수나 신용을 잘 쓴다.

나는 현금 비중 유지에 신경 쓰라고 항상 당부한다. 바닥에서 치고 오르는 상승장이라면 주식 비중을 더 늘려도 된다. 하지만 상승장이 지속되면 조정에 대비해서 현금 비중을 조금씩 높여야 한다.

현금 보유가 중요한 이유는 분할 매수 때문이기도 하다. 매수한 종목이 하락하면, 일정 비율까지 떨어지기를 기다려서 추가 매수하여 평균 단가를 낮춘다. 그러면 반등이 나올 때 더 큰 수익을 거둘 수 있다(참고로, 나는 매집을 확인한 뒤 세력들의 평균 매입 단가를 계산한다. 그리고 주가가 세력들의 평균 매입 단가보다 낮게 떨어졌을 때, 즉 세력들이 자기들 매입 단가보다도 주가를 떨어뜨렸을 때를 노리고 진입한다. 그런데 세력들이 어디까지 떨어뜨릴지 알 수 없으므로 현금 보유가 중요하다. 물론 아무 종목이나 하락 = 추가 매수 기회가 되지는 않고 매집 분석을 통한 확신이 있어야 한다.).

주식을 매수할 때 누가 물릴 걸 기대하고 매수할까? 하지만 주가가 기대와 달리 떨어지면 어떻게 할까? 그에 대한 대비책을 위해서라도 현금 보유는 필수다. 좋은 예가 있다. 2020년 3월 장이다.

[차트 116] 3만 원까지는 쉽게 오를 수 있다며 추천한 종목 [제일파마홀딩스]다. 그러나 만약의 경우에 대비하여 세 차례로 나누어서 매수하는 방법을 권했다.

때는 2020년 3월을 불과 몇 달 앞둔 2019년 말이었다. [제일파마홀딩스]는 2018년부터 세력이 장기 매집을 했다고 분석한 종목이다. 참고로 장기 매집을 했다고 해서 그동안에 거래한 모든 물량을 세력이 다 갖고 있다는 말은 아니다. 물량을 서서히 늘려가며 중간 중간 단타로 팔기도 한다.

매집이 좋아서 3만 원까지는 도달할 것으로 보였다. 그래서 추천을 했는데, 바로 수익 구간이 나오지는 않았고, 일정 기간 하락 횡보를 하다가 2020년 2월 말부터 코로나19 사태가 점차 커지며 전 세계적 폭락장에 함께 폭락했다.

어떻게 했을까? 나는 매수 후 25~30% 정도 손실이 나면 기계적으로 추가 매수를 한다. 그리고 반등이 나와서 매물대(차트 116의 왼쪽 노란색 박스)까지 오르면 일단 수익 내고 빠져나온다.

이런 매매법을 고수하는 이유는 매집 종목을 고르는 눈이 있기 때문이다. 매집 종목은, 설령 폭락장의 영향으로 하락을 하더라도 세력들이 그냥 내버려두지 않는다. 세력도 수익을 내고 나가야 하므로 결국 일정 가격 이상으로 올릴 수밖에 없다.

아래 차트는 2020년 3월 대폭락장을 맞이한 코스피 차트다. 세력들이라고 이걸 알고 있었겠는가? 아니, 전 세계 누가 이런 사태를 예견할 수 있었겠는가?

[차트 117] 2020년 3월 코로나19로 인한 대폭락장 당시의 코스피 차트

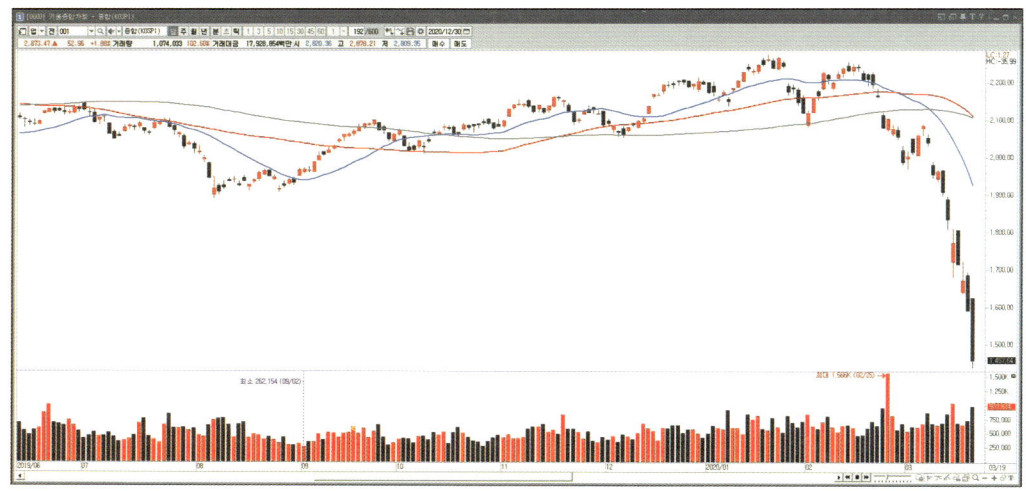

3월 당시 일을 똑똑히 기억한다. 회원들이 이 폭락장이 리먼사태나 IMF 때보다 더 심각한 것이냐고 여러 번 질문했고, 나는 리먼사태나 IMF는 물론이고 1930년대 세계 대공황 때보다도 더 심한 폭락장이라고 답했다. 전 세계 모든 공항이 텅텅 비고, 각국이 봉쇄조치에 들어갔다. 역사상 초유의 사태였다. 급락장을 예상했지만 이 정도일 줄은 몰랐다. 그러나 3월 폭락장의 경험은, 내 매매법에 더욱 확고한 믿음을 갖는 계기가 되었다. 이제는 어떤 장에서도 흔들리지 않고 내 스타일대로 매매할 수 있을 거라고 확신한다. 내 스타일이란, '매집을 읽고 떨어지면 추가 매수한다'이다. 그러므로 현금 보유는 필수이며, 미수나 신용은 내가 손 댈 게 아니다.

6
매도 타이밍 정리

언제 팔 것인지는 앞에서 계속 다루었다. 복습 차원에서, 다시 정리해 보자. 종목 [엘티씨]다. 이제는 다들 눈치 챘겠지만 이 책에서 소개한 사례들은 내가 직접 발굴하고 추천한 것들이며, 동시에 매집 종목들이다. [엘티씨]도 매집이 좋아 보였는데 이미 오래 전부터 추적 관찰하며 현재도 단타와 장기 투자를 병행하고 있다.

먼저 차트부터 보자. 매도 자리를 숫자로 표시했다.

[차트 118] 종목 [엘티씨]의 매도 자리들

위 차트의 숫자 1~4는 실제로 수익을 실현했던 곳들이다. 1~4번은 위치가 다르다. 왜 여기서 팔았을까? 다음 차트를 보기 전에 먼저 생각해 보자.

[차트 119] 1~4번에서 판 이유

1번은 앞 매물대의 고점을 돌파했기 때문에 청산했다. 돌파 매매를 배운 분들은 여전히 의아할지 모르겠다. 그러나 나는 앞 고점 근처까지 오르거나 돌파하면 일단 수익 실현하라고 가르친다.

2번은 1번의 고점 부근까지 올랐으나 일주일 정도 박스권을 만들며 횡보를 해서 청산했다. 돌파하면 좋겠지만 턱 밑까지 도달한 지점에서 꾸물대며 가지 않을 때는 청산하는 게 옳다.

3번은 장대양봉일 때 익절했다. 강한 매물벽까지 올랐기 때문이다. 장중에 순간적으로 급등한 뒤 윗꼬리를 만드는 일봉이 자주 나온다. 그때는 혹시 매물대에 도달한 게 아닌가 살펴봐야 한다. 매물대에 도달했다면 가차 없이 팔고 나간다. 욕심 부리지 않길 바란다. 큰 매물대는 결코 한 번에 뚫지 못한다.

4번 일봉인 7월 28일 내 제자들은 장대양봉 고점에서 일제히 익절을 했다. 돌파했고, 장대양봉이었으니 팔아야 할 이유로는 충분하다. 다음은 2020년 7월 28일 제자들이 단 댓글이다.

> "전 57% 수익으로 나왔어요. 선생님 감사합니다."
> "저도 62% 수익 났습니다. 미미르님 감사합니다. 다 팔고 한 주 남겨놓았습니다. 수고하셨습니다."

장대양봉이 나온 시간은 오전 이른 시간이어서 상한가를 유지할 수 있다고 기대할 수도 있는데, 모두 일제히 익절했다. 이 자리는 상한가를 기대할 곳이 절대 아니다. 왜? 주봉을 보자.

[차트 120] 종목 [엘티씨]의 주봉을 보면 2018년에 고점이 보인다.

주봉 차트다. 주봉 차트는 한 주에 봉이 한 개씩 생긴다. 봉 하나가 일주일이다. 7월 27일에 2018년 1월의 고점을 살짝 돌파했다. 고점 돌파는 뭐다? 매도다. 2년 반도 훨씬 지난 오래 전 고점인데, 그 고점까지 봐야 하는지 묻는 분들이 있다. 매도 타점을 확인하려면 당연히 봐야 한다. 매물벽이나 앞 고점들은 7~8년 전 것도 봐야 한다.

7
크게 물렸던 주식이
내가 매수했던 가격까지 반등하면 다 판다

사람 마음 참 간사하다. 매수 후 많이 하락했던 주식이 반등해서 최초 매수가까지 오르면 파는 게 계좌를 지키는 올바른 길이다. 그런데 더 갈 것 같다는 공연한 기대 심리 때문에 못 파는 경우가 있다. 그러나 아무리 못 팔아도 무조건 절반을 파는 게 좋고, 특별한 사정이 없다면 모두 팔아버리자.

왜일까? 내가 물린 가격대에는 다른 개미들도 많이 물려 있을 가능성이 높다. 매물대라는 말이다. 매물대에서는 어떻게 한다고? 팔아야 한다. 개미들 때문에 뚫기 어렵다. 아쉽다면 일단 팔고 다음 상황을 주시하며 다시 사도 된다.

한두 달치 일봉 차트만 뚫어지게 쳐다보며 매매하는 사람은 절대 큰 수익을 낼 수 없다. 테마주 등 급변동 주식을 매매하는 사람은 예외지만, 이들도 큰 그림을 통한 예측을 못한다면 세력의 휘둘림에 손실을 보는 게 대부분이다. 수년간의 큰 그림 속에서 차트 움직임을 보는 습관을 들이자.

mimir summary

- 앞에서 한 이야기지만 한 번씩 다시 읽어보자.

- 대주주 지분이 40% 이상인 종목을 고른다.

- 대주주 지분이 높아도 적자가 심한 기업은 쳐다보지 않는다.

- 상한가를 친 전력이 있는 종목 중에서 고른다.

- 4~5년 전, 나아가 7~8년 전 차트까지 본다. 주봉이나 월봉으로 보면 다 보인다.

- 매수 후 시나리오를 생각한다.

- 뜻밖의 하락을 대비하여 현금을 보유한다.

- 반드시 나누어서 매수한다. 분할 매수한다.

- 미수나 신용은 쓰지 않는다.

- 전 고점을 돌파하거나 부근에서 판다.

- 매물대에 도달하면 판다.

- 장대양봉에서 판다.

- 크게 물린 주식은 본전 오면 다 판다.

두 번째 조언

주식 공부
가이드

1
주식 박사가 되려고 하지 말자

(* 이 내용은 〈기법편〉에도 있다. 그러나 중요한 내용이라서 넣는다. '저번에 읽었던 거네.' 하고 넘기지 말고 다시 읽어보자.)

캔들 분석법, 이평선 매매법, 일목균형표, 피보나치수열, 볼린저밴드, 스토캐스틱, MACD, RSI, OBV 등등 다양한 매매법과 보조지표에 대한 지식에 연연하지 말자. 독자보다 훨씬 이전부터 연구에 연구를 거듭하여 도저히 따라갈 수 없는 수준에 오른 사람들이 널리고 널려 있다. 그들은 어떨까? 주식을 잘할까? 대박을 내고 있을까? 내가 답한다면 글쎄다.

주식 투자는 지식이 많다고 되는 건 아닌 것 같다. 차라리 그 시간에 차트를 보며 개미가 어떻게 당했는지, 세력이 어떻게 개미를 갖고 놀았는지 생각하는 게 좋아 보인다.

차트 보는 눈은, 윗꼬리와 아래꼬리가 어떤 의미인지, 양봉과 음봉, 이평선과 거래량이 각각 어떤 의미인지 정도만 알아도 충분하다. 보조지표도 한두 가지 신뢰가 가는 걸 집중 연구하는 게 실전 매매에는 훨씬 도움이 된다.

무엇보다 자기에게 맞는 한 가지 매매법을 찾는 데 목표를 두어야 한다.

고수들 중에는 보조지표를 아예 안 보는 사람도 있다. 이평선마저 지우고 캔들과 거래량만 보는 고수도 있다. 그들은 무수한 시행착오를 거쳤고 그 결과 과감하게 자신만의 길을 택한 것이다. 그들이 겪은 시행착오를 답습하지 말자. 남의 실패에서 배우고 나에게 진짜로 필요한 것이 무엇인지 다시 생각해보자.

남들이 세상에 떠도는 온갖 지식을 다 배우며 잡학 박사가 되어갈 때 우리 독자들은 진정한 주식 사냥꾼이 되기 바란다. 우선은 나에게 맞는 단 하나의 매매법을 찾는 데 주력하라. 그리고 모의 매매 등을 통해 확인하라. 복잡한 매매법보다는 단순한 매매법을 찾아라. 복잡하면 알아도 따라 하기 힘들다.

2
공짜 주식 정보를 믿고 매수하지 마라

몇 천만 원씩 손실이 난 처참한 계좌를 들고 상담을 요청하는 분들을 보면 항상 묻게 된다.

"왜 이 종목을 샀지요?"

돌아오는 답변은 한결같다. 증권 방송에서 추천해서, 지인이 추천해서, 카페에서 추천해서 심지어는 누가 보냈는지도 모르는 문자 메시지를 보고. 그래서 용감하게 매수했지만, 결과는 처참하다.

'공짜 좋아하면 쪽박 찬다.'는 속담이 있다. 주식 시장은 칼부림이 난무하는 잔인한 곳이다. 상대방을 죽여서라도 이득을 취하기 위해 혈안이 되어 있는 곳이다. 공짜로 얻은 정보가 얼마나 도움이 되겠는가.

유료로 추천받은 종목이라 하더라도 그 종목을 매수하는 확실한 이유를 알아야 한다. 회사의 호재뿐 아니라 재무 등도 분석해서 믿어도 되는 회사인지 확인 후 매수해야 한다. 유료 종목을 추천받더라도, 믿음이 가는 분석이나 객관적인 증거 자료도 없이 막연한 추측성 분석을 하는 경우는 일단 의심을 해야 한다.

유료 추천 사이트에서 종목을 소개받아서 샀는데 손실이 크게 나서 이러지도 저러지도 못하고 몇 년씩 들고 있는 사람들을 많이 봤다. 테마나 호재를 기반으로 추천하는 곳도 있고 차트 분석으로 추천하는 곳도 있을 것이다. 그들의 분석이 얼마나 신뢰성이 있는지 검증도 하지 않고 덥석 매매를 해서는 안 된다.

사후 분석이나 설명은 쉽다는 걸 명심해야 한다. 수십만 원에서 수백만 원씩 받는 추천 업체들의 홈페이지를 보면 수십에서 수백 프로 수익 난 종목들을 줄줄이 나열해 놨다. 그런 홍보 자료에 현혹되지 마라. 그들 나름대로 근거를 댈 수 있겠지만, 과연 회원들이 그 수익을 냈을까?

나는 카페에 한 번 올린 글을 지운 적이 없다. 그래서 카페 글을 보면 지난 5년간의 나의 모든 성공과 실패가 고스란히 기록으로 남아 있다. 자기에게 불리한 내용은 지우고 자랑만 하는 업체를 믿지 마라. 종목을 고를 자신이 없어서 꼭 유료 추천을 받아야겠다면, 차라리 몇 십만 원 날리더라도 딱 한 달만이라도 그들이 시키는 대로 모의매매를 해보고 결정하라. 몇 백 몇 천 날리는 걸 예방하기 위해서 꼭 필요하다. 주식 시장이 몇 푼 남에게 쥐어 주고 쉽게 성공할 수 있는 곳이 아니다.

3
보조지표를 이용한 매매는 위험하다

아마도 성격 탓이겠다. 나는 보조지표를 볼 때도 논리적으로 해석이 될 때만 안심하고 믿음을 갖는다. 성향이 그렇다 보니 보조지표도 실전에서 나타나는 현상을 관찰하며 그 논리적 근거를 찾고 내 방식으로 해석하는 경향이 있다.

한마디로 의심이 많은 편이다. 그런데 눈에 보이는 현상적 증거가 없이 어떻게 피 같은 돈을 넣을 수 있겠는가? 그런 이유로 보조지표의 해석 방법이나 이용 방법이 사람들과 다른 경우가 많다.

기존에 알려진 보조지표 이용 방법 중에 내가 유일하게 인정하고 사용하는 게 다이버전스다. 다이버전스는 MACD, STOCASTIC, RSI 등등 다양한 보조지표에서 나타나는 현상이고, 또한 누구나 쉽게 눈으로 확인할 수 있다는 장점이 있다. 나는 보조지표 가운데 MACD, STOCASTIC, 거래량, 이평선 외에는 사용하지 않는다. 그 외에 나름 연구해본 건 볼린저밴드와 RSI, 일목균형표 정도뿐이다.

그런데 나의 보조지표 연구에는 한 가지 다른 게 있다. '보조지표를 어떻게 이용할까?'라는 단선적 생각이 아니라 하나의 변수를 더 개입시킨다. '세력'이다. 세력이 어떻게 보조지표를 역이용하는지, 나아가 보조지표와 반대로 움직이는 세력을 통해 그들의 숨은 뜻을 추측하는 것이다.

각종 보조지표 가운데 가장 흔하게 쓰이는 것 중 하나가 MACD 다이버전스다. 주가의 움직임과 MACD라는 지표의 움직임이 서로 다를 때 '괴리'가 발생했다고 하며 이를 '다이버전스'라고 부른다. 즉 주가는 올라가는데 MACD 선이 내려가거나 MACD 선이 올라가는데 주가가 내려가면 이때가 다이버전스가 난 것이다. 보통 추세 전환 시점을 읽기 위한 지표로 활용된다. 주가가 오르고 있지만 MACD가 내려가고 있다면 팔아야 할 때가 되었다는 뜻이요, 주가가 내려가고 있지만 MACD가 올라가고 있다면 살 때가 되었다는 뜻이다(물론 100%란 없다.).

[차트 121] MACD 다이버전스는 주가가 파동 치며 하락할 때, 파동의 저점을 이은 선은 하락하지만 그 구간의 MACD 저점은 도리어 높아지는 현상이다. 주가와 MACD가 반대로 움직이는 현상을 모두 다이버전스라고 한다. 다이버전스가 뚜렷한 경우, 주가는 진행 방향과 반대 방향으로 되돌아가려는 경향이 생긴다. 다이버전스는 RSI나 STOCASTIC 등 다른 지표에서도 확인이 가능하다.

다이버전스는 비교적 잘 맞아 떨어지기 때문에 활용하는 사람도 많은 것으로 알고 있다. 그런데 이런 사실을 세력도 잘 안다. 그래서 역이용한다. 몇 번은 조금 벌게 해주고 결정적인 순간에 속임수 형태를 만들어 개미를 몰살시킨다.

보조지표 매매가 어려운 이유다. 보조지표의 신뢰성이 떨어지기 때문이기도 하지만, 그보다 더 심각한 위험은 결정적일 때 속임수 형태가 나오기 때문이다. 보조지표 없이 매매를 할 수는 없지만, 너무 많이 깔면 역효과가 난다. 한두 가지 보조지표를 집중적으로 연구해서 세력이 어떻게 활용하는지 분석하는 게 훨씬 도움이 된다. 세력의 속임수를 이해하려면 한 가지 보조지표 매매법을 연구하는 데도 몇 년의 실전 데이터가 필요하다. 나는 그랬다.

그래서 내게는 보조지표의 사전적 의미는 중요하지 않았고, 눈에 보이는 현상과 주가의 움직임이 더 중요했다. 지금은 더 이상의 보조지표의 필요성을 못 느끼거니와, 어설프게 알아서 세력에게 역이용당하는 빌미를 스스로 만들고 싶지 않다. 볼린저밴드만을 사용하는 매매법이 잠깐 유행했을 때도 몇 달 동안 볼린저밴드를 이용한 검색식을 수십 개 만드는 등 매매법 개발에 매달려봤지만, 당시의 전문가가 주장하는 매매법이나 내가 시도한 방법들이 모두 한계가 있었고, 믿고 내 돈을 투자할 수 있는 매매법은 찾을 수 없었다.

> **mimir summary**
> - 주식 박사가 되려고 하지 말자.
> - 내게 맞는 한 가지 매매법을 찾는 데 집중하자.
> - 공짜 정보만 믿고 매매하면 곤란하다.
> - 스스로 검증된 방법으로 매매한다.
> - 보조지표만 보고 매매하는 건 세력의 먹잇감이 되겠다는 얘기밖에 안 된다.
> - 신뢰할 만한 소수의 보조지표를 끝까지 파보는 게 핵심이다. 단, 세력을 잊지 마라.

세 번째 조언

유상증자,
무상증자
대응법

1
감자 말고 증자는 또 뭐야?

앞에서 감자는 얘기했다. 그런데 증자는 또 뭘까?

증자에는 두 가지가 있다. 유상증자와 무상증자다. 우선 유상증자다. 회사가 돈이 필요하니 주주들이여, 십시일반 기부 좀 해달라는 게 유상증자다. 이유나 핑계는 다양하다. 신 사업 진출, 사업 확충을 위한 설비 자금 마련, 영업비가 필요해서, 회사가 발전하고 있으니 번듯한 사옥이 필요해서, 적자 메우기 위해, 돈이 부족해 부도나게 생겼으니 등등. 갖다 붙이는 이유나 명분은 다양하다. 그러나 내용은 똑같다.

'돈 필요하니 십시일반 보태 달라.'

나는 유상증자를 극도로 싫어한다. 유상증자에도 여러 종류가 있다. 모든 주주에게 하는 일반 주주 대상 유상증자와, 3자, 즉 주주 아닌 누군가에게 주식을 주는 조건으로 돈을 빌리는 3자 배정 유상증자다. 그런데 본질은 같다. 주주에게 유상증자를 하면 회사는 개꿀이다. 공돈이 들어온다. 이자도 안 나가고, 원금 돌려 줄 필요도 없는 공돈이다.

물론 같은 유상증자로 3자 배정 유상증자는 좋은 의미일 때도 있다. 회사가 정말로 발전을 위해서 주주에게 손 안 벌리고 투자자를 끌어들이는 때도 있으니까.

하지만 말로는 3자 배정 유상증자라고 해놓고 악용하는 경우도 많다. 우량한 회사가 3자 배정 유상증자 하는 거라면 믿어도 되겠지만, 웬만한 회사라면 일단 좋은 의도가 아닐 수 있다고 생각해야 한다.

주식은 내가 골라서 사는 것인데, 굳이 골치 아프게 내막도 모르는 회사 주식을 살 필요가 있는가. 우량한 주식을 사라. 불량한 주식은 그 어떤 현란한 호재라도 쳐다보지 말라.

지금은 흔치 않은 일이지만, 카페를 개설한 후 실제 있었던 사례가 있다. 그때 카페에 다음과 같은 글을 올렸다.

> 엔티피아…
> 기가 막혀서 말도 안 나오는군요.
> 거래량이 하도 많아서, 무슨 이유인가 보니
> 유상증자 청약률이 10,000%를 넘었답니다.
> 회사 발표로요.
> 과거의 경우를 보면 이런 경우 실제 청약률은 발표와 다른 경우가 많았습니다.
> 심지어는 청약 미달마저 있었던 것 같은데, 오래돼서 기억이 확실치 않습니다.
> 총주식수가 7천만 주인데, 하루 거래량 2,000~3,000만 주는 아주 쉽게 일어나고 있습니다.
> 이렇게 많은 거래량이 지속적으로 일어나면 겁을 먹어야 하는 게 당연한데, 개미는 도리어 용감해집니다.
> 유상증자를 못 받아서 안달 난 개미가 그렇게 많다는 게 상식적으로 이해가 가나요?
> 유상증자에 당첨되면 금덩어리라도 나눠주는 걸까요?
> 대주주 지분율도 겨우 7%밖에 안 됩니다.
> 거의 대부분 개미들이 주식을 소유하거나 세력이 갖고 있다는 의미겠죠.
> 이게 매집이라고 생각하고 대박을 노리며 엄청난 개미들이 덤벼들고 있습니다.

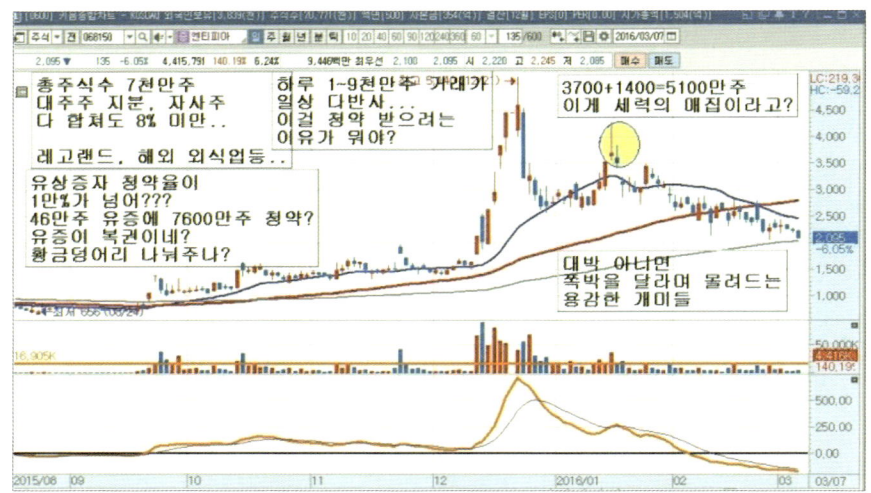

그게 맞다면 유상증자도 매집이어야 합니다.

그냥 사도 얼마든지 살 수 있는 주식을 유상증자까지 해서 매집을 하려는 세력이 있을까요?

엄청나게 싼 가격에 후려쳐서 대부분의 주식을 확보할 수 있는 기회가 아니라면 논리적으로 앞뒤가 맞지 않습니다.

내가 안 지키는 재산 누가 지켜주겠습니까.

쉽게 주어지는 대박 기회는 주의해야 합니다.

차트 형태는 매집형입니다.

하지만 차트가 매집형이라고 용감하게 덤비면 크게 다칠 수 있습니다.

날 두고 가더라도, 내 재산 지키는 게 우선이라는 생각을 가져야 합니다.

요행에 내 재산을 맡기면 안 됩니다.

2016-3-7

미미르

지금은 [엔티피아]를 시장에서 찾아볼 수 없다. 이 글을 쓴 다음 해인 2017년 [엔티피아]는 상장폐지를 당했고, 몇 십 원에 정리매매를 했다. 이제는 차트를 보고 싶어도 볼 수 없다. 청약률 10,000%의 엄청난 경쟁률을 뚫고 로또를 받아 보겠다고 청약한 개미들이 상장폐지 소식을 접했을 때 심정이 어땠겠는가. 이래도 유상증자를 받고 싶은가?

유상증자가 나쁜 건만은 아니라는 반박도 물론 가능하다. 그러나 나는 유상증자가 싫다. 그래서 대주주 지분이 적은 종목은 손대지 않는다. 대주주가 있다면 자기 돈 내고 설마 유상증자 하고 싶을까 싶기 때문이다. 인지상정 아닌가. 누가 알토란같은 자기 돈을 토해내고 싶겠는가. 이자 받고 빌려주는 돈도 아니고, 내 손 떠나 회사 돈이 되는 건데.

2
무상증자는 또 뭐야?

무상증자는 회사가 주주들에게 공짜로 주식을 나눠 주는 것이다. 회사 전체적으로 보면 총 주식 수가 그만큼 늘어난다. 돈 내라는 것도 아니고, 공짜로 준다니 나쁠 건 없다. 그래서 보통 무상증자는 좋은 것이라는 통념이 있다. 무상증자를 하면 주가가 오른다는 고정 관념에 빠져 있는 사람들도 많다. 진짜 무상증자는 호재일까?

무상증자도 여러 목적이 있다. 회사의 주식 수가 너무 적어서 유동성을 키우기 위해 주식을 발행하는 경우가 첫 번째다. 즉 주식 수가 많아지면 주주도 많아지고, 그러면 거래하는 사람이 많아지니, 1일 거래량도 늘어나 주식 매매가 활발해질 것으로 기대하며 실행하는 것이다. 사실, 이게 가장 진짜 이유여야 한다. 하지만 현실에서는 좋은 의도뿐 아니라 나쁜 의도도 얼마든지 뒤섞여 있다. 다만 그게 우리가 꼭 알아야 할 내용은 아니므로 패스. 그보다는 고정 관념 하나는 깨고 지나가자.

무상증자를 하면 주가가 오른다는 건 맞을 수도 있고 틀릴 수도 있다는 것이다. 무상증자 발표 후 혹은 무상증자 후에 주가가 오르면 나는 팔고 싶다. 무상증자만 보고 판단하지 않는다. 차트가 이 놈은 계속 달릴 놈이라고 말해주지 않는 한, 일단 챙기고 관망하는 게 좋다고 본다.

무상증자에 대한 관점을 설명했던 카페 글을 하나 소개한다.

헬릭스미스가 무상증자를 했다고 질의를 한 분이 있어 잠깐 봤습니다.
내가 카페에 안 좋은 종목으로 쳐다보지 말라고 글을 이미 올린 종목입니다.
그때도 아마 질문을 받아서 분석을 하게 된 것 같습니다.
내가 쳐다보거나 분석하는 유형이 아닙니다.

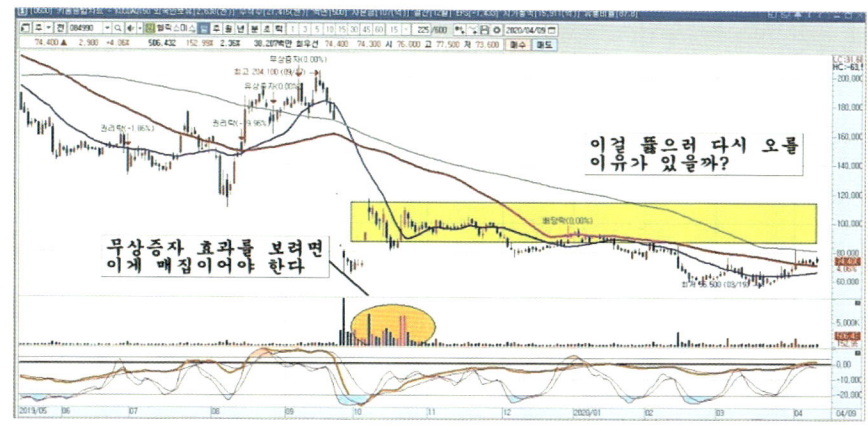

다른 생각을 할 필요가 없습니다.
세력이 작년 10월의 엄청난 거래량으로 매집했다고 믿는다면 무상증자가 호재겠지요.
하지만 만약 마지막으로 개미를 꼬여서 물량 떠넘기기를 하기 위한 호객 행위라면?
개미가 이제는 꼬이지 않으니 호재를 터트러 개미의 관심을 받으려 하는 거라면?
이런 생각도 해봐야 합니다.
꼭 사고 싶다면 차라리 박스권 엄청난 거래량을 소화하는 행위가 나온 다음에 봐도 늦지 않을 겁니다.
세력이 올리고 싶다 하더라도, 저 엄청난 매물대를 그냥 통과하지는 못할 테니까요.

2020-4-9
미미르

[헬릭스미스]는 무상증자 후 약간 반등을 했다. 그리고는 다시 하락하고 있다. 차트를 다시 보니 2019년 9월 5일에도 무상증자를 했다. 하지만 그 후 별다른 상승이 없었고, 며칠 후에는 3연속 점 하한가를 치면서 대폭락하며 주주들에게 좌절감을 안겨줬다.

우리가 회사 속사정을 어찌 다 알겠는가? 우리가 알 수 있는 건, 그들이 던져준 정보뿐이다. 혹은 그들의 선전이나 광고물일 수도 있다.

무상증자 받은 후 상승하면 팔아 치우자.

이게 내 관점이다. 무상증자를 하는 그들의 숨은 의도를 알 방법이 과연 있는지 되묻고 싶다. 차트가 답을 주지 않는다면 말이다.

3
더 복잡한 용어, 전환사채와 신주인수권부전환사채

주식 매매를 하다보면 뜬금없이 CB(전환사채)나 BW(신주인수권부전환사채) 신주 인수권 행사로 신주를 발행한다는 공시를 접하게 된다. 누군가가 회사에서 주식을 새로 발행받는다는 의미다.

회사 경영권 방어를 위한 목적으로 받는 게 아니라면, 소액주주 입장에서는 달가운 뉴스가 아니다. 간혹 CB나 BW 권리 행사를 해서 신주를 받게 된 후 주가가 오르는 경우도 있지만, 단기간 혹은 중기간 보면 하락하는 경우가 압도적으로 많다.

CB와 BW의 본래 목적은 M&A나 대주주의 경영권 안정을 위한 지분 증가 등 좋은 의도로 사용하도록 만든 제도다. 하지만 천재적인 머리를 가진 사람들은 자기들이 원하는 의도에 맞춰 활용하기도 한다. 개미에게 득 될 일보다는 해 될 일이 많은 게 현실이니, 개념만 이해하고 넘어가자.

일단 CB나 BW 모두 회사가 이자를 주기로 하고 돈을 빌리면서, 나중에 갚겠다는 증서다. 둘 다 나중에 CB나 BW 소유자가 새 주식을 발행해달라고 하면 해주겠다는 약속이 포함된다.

CB

회사가 돈을 빌리는 조건으로 채권자가 빌려준 돈 대신 주식으로 달라고 하면 얼른 새로 주식을 발행해서 주겠다는 약속이다. 이때의 주식 발행 가격(=신주인수가격)은 CB 발행 시에 결정되기 때문에, 채권자는 주가가 오르면 주식으로 바꿔 달라고 하고, 내리면 돈으로 돌려 달라고 하게 된다. 이자가 일반 이자보다 낮다, 기업의 인수합병에 활용된다 하는 설명은 그냥 잊자. 채권자가 바보가 아닌 한 빌려 준 돈보다 싼 주식을 달라고 할 리는 없고, 채권자는 새 주식을 받아서 얼른 팔아 치우는 경우가 대부분이다. 이 때문에 개미 주주에게 절대 좋을 일이 될 이유가 없다. 왜? 회사가 좋아진 것도 아닌데, 주식 수만 늘어났으니 주가가 오를 가능성은 떨어진다. CB를 이용해서 사채업자 등이 회사를 인수해서, 알맹이를 빼먹고 감자나 상장폐지시킨 사건이 왕왕 뉴스에 나온 적이 있다는 정도만 알고 마무리하자. 2019년도 뉴스에서 CB 신주인수권 행사 금액이 크다고 한 몇 종목의 차트를 보자.

[차트 122] 2019년 2회에 걸쳐 223억 원어치 CB 신주 인수권이 행사된 종목 [아난티]다.

[차트 123] CB 신주인수권을 15회에 걸쳐 행사하며 199억 원어치 신주가 발행되었다.

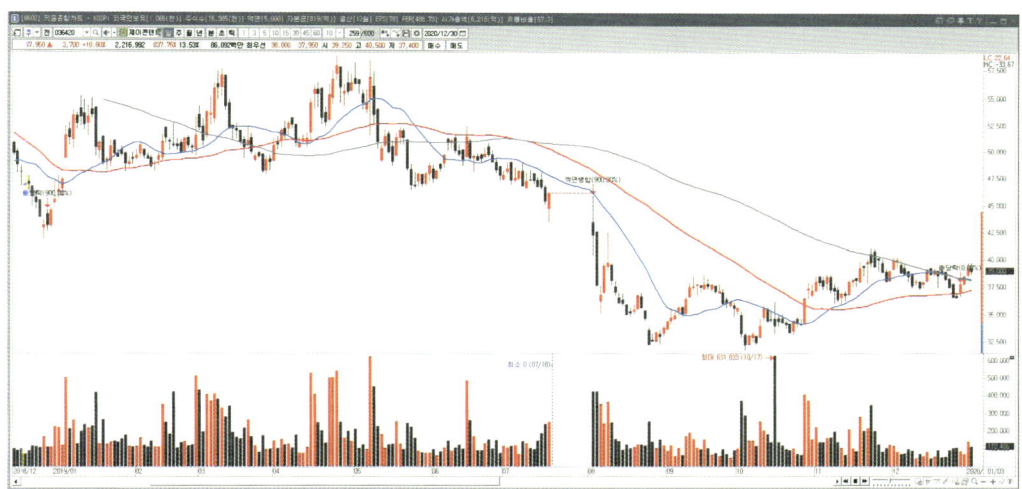

[차트 124] 2019년 11월 회사 임원이 CB 신주인수권을 행사한 경우다.

차트 124의 종목 [젬백스]를 보자. 11월에 신주인수권을 행사했다. 상당히 고가에서 했으니 신주인수권 행사로 꽤 수익이 났을 것 같다. 12월에 급등을 해서 고가권에서 큰 물량이 터졌다. 그건 합법적인 권리 행사이고 우리와 상관없는 일이니 신경 쓰지 말자. 하지만 강력한 급등이 시작된 날의 긴 아래꼬리(노란색 동그라미)에는 관심을 가져야 한다. 저 긴 아래꼬리는 장중에 하한가에 육박하는 -27%까지 급락한 흔적이다. 등락률이 최저 -27%, 최고 28%이니 바닥에서 잡은 이가 있다면 당일 55% 수익이 났을 것이다.

갑자기 하한가를 칠 때 안 버리고 버텨낼 개미가 얼마나 될까? 개미는 급등할 종목을 보유하고 있어도 실제 수익으로 이어지기 힘들다. 저 일봉이 그 이유다.

물론 CB가 항상 부정적인 결과만 낳는 건 아니다. 하지만 안전 투자를 추구하는 개미 입장에서는 CB 신주 인수권 행사를 남발하는 회사는 피하는 게 좋다.

신주인수권은 주가가 비쌀 때 행사하게 되니, 주가와 행사가격 차이가 발생한다. 그 때문에 생기는 파생상품 손실을 영업 외 손실로 공시하는 기업도 늘어나는 추세다. [아난티]는 2019년 7월에 이미 100억 이상 손실이 났다는 뉴스가 나왔다. 이래저래 소액 주주는 서럽다.

BW

CB와 한 가지만 다르다. CB는 '빌려 준 돈'을 주식과 바꾸는 거지만, BW는 '돈 줄 테니' 약속했던 가격으로 주식 내 놓으라는 것이다. 빌려 준 돈과는 상관이 없다.

BW는 회사의 임원이나 오너, 관계자 등이 주식을 헐값에 받기 위해 편법으로 악용하는 경우도 있다. 경영권을 강화하기 위해 받는 경우도 당연히 많다.

BW는 돈을 회사에 얼마 빌려주는 조건으로, 회사와의 합의하에 신주인수권 권리를 얻는 것이다. 주식 가격과 수량은 합의에 의하니 악용한다면 이처럼 편한 돈벌이 수단이 없다. 우리는 개미일 뿐이니, 불리한 내용을 특히 더 주의해야 한다는 측면에서 보면 된다.

이것저것 빼고 알아야 할 내용만 추렸다. 더 깊은 공부는 따로 하면 좋겠다. 나에게 의견을 묻는다면, 아무튼 나는 유상증자든 CB나 BW든 새 주식 발행은, 경영권 분쟁 때문이나 강화를 위한 목적 외에는, 좋아하지 않는다.

유상증자 신주인수권 양도

전에는 유상증자가 발표되면 꼼짝없이 유상증자를 받든지 아니면 주가 하락을 감내하든지 둘 중 하나를 선택해야 했다. 유상증자를 하면 당연히 주가가 하락할 텐데 싶으면서도 유상증자 청약은 하고 싶지 않으니 진퇴양난이었다. 나는 타의로 매수하고 싶지 않다. 유상증자도 타의로 강제로 매수를 해야 하는, 매수당하는 상황으로 느낀다. 그런데 피해를 그나마 줄여주는 제도가 생겼다. 유상증자 신주인수권 양도다. 신주인수권을 팔 수 있는 제도다.

유상증자를 100주 받는 권리(받는 입장에서는 '권리'가 아니라 억지로 당하는 의무처럼 느껴지지만)가 있다면, 정해진 5일 동안 유상증자를 받는 권리를 사고팔 수 있다. 유상증자를 받기 싫은 사람은 이 권리를 매도하면 된다.

유상증자 발표 전에 주가를 어느 정도 올린 뒤 하는 경우가 많아서, 유상증자 발표는 예상보다 훨씬 큰 손실을 주는 경우가 많다. 발표하자마자 주가가 하락하고, 유상증자 실시 후 더 하락한다. 이게 일반적인 유상증자의 패턴이다. 물론 항상 그렇다는 건 아니다.

양도 권리의 매매가는 주가보다 당연히 싸다. 유상증자 받아서 축복 받을 일이 얼마나 있겠는가. '네가 받기 싫으면 내가 받을 테니 싸게 내게 권리를 넘겨라.'며 권리를 사려는 사람들도 많다.

주식 매매란 서로 생각이 반대인 사람들 간의 거래다. 그래서 나는 파는 구간이지만 누군가는 사는 구간이 된다. 반대로 누군가는 파는 구간이지만 나는 사는 구간이 된다. 누가 옳은지는 시간이 지나면 자연히 드러난다.

아무튼 양도 권리가 생기면 나는 일단 팔고 본다. 손실이 얼마이든. 내가 결정해서 하는 투자가 아니고 강제로 하는 투자이기 때문이다. 유상증자 '당할' 주식을 산 내 잘못이니, 손실을 감수한다. 물론 나처럼 팔라는 말은 아니다. 권리의 양도 여부는 각자의 초이스다.

> **mimir summary**
> - 무상증자만 빼고 나로서는 좋을 게 없다.
> - 무상증자가 좋다는 것도 아니다.
> - 증자 없는 종목을 고르고 싶다.

마지막 선물
초단타 매매법

초단타 종목 선정과 매매하는 방법

연간 1천만 원에 가까운 회비를 내고 초단타 리딩을 받는 분들이 의외로 많은 것 같다. 초단타 리딩은 2~3% 수익을 목표로 진입하는 것이다. 하루에도 수십 번씩 매매하는 분들이 많은 것 같은데, 장중에 거래량이 폭발하며 널뛰는 종목이 주요 공략 대상이다.

초단타 매매로 수익을 거두는 분들은 보통 민첩하고 샤프한 분이 아닐 것 같다. 그런 분들의 리딩을 받으며 매매를 하는 분들도 대단한 순발력을 가진 분들일 것이다. 초단타 매매에 관심이 없다 보니 초단타 매매 기법에 대해 연구해보지 않았다. 선물 기법과 비슷할 거라는 추측만 하고 있다.

나도 단타를 안 하는 게 아니어서, 단타 기법을 여러 가지 만들었다. 그러나 일반적인 의미의 단타는 아니다. 내가 추구하는 단타는 당일 수익을 주되, 최소 10% 이상은 수익이 보장되는 종목으로 한다. 실패하면 며칠 시간을 끌기도 하는데, 특별한 상황이 없다면 손절하지 않는다. 나는 '손절 없는 매매'를 추구하는데 단타 역시 마찬가지다.

본론에 들어가기 전에 주의 사항이 있다. 내가 고르는 종목들 대부분 매수세가 몰리면 세력이 방향을 틀 수도 있기 있기 때문에, 실시간 대응이 중요하다. 시간적으로 급박한 경우가 많아서 사람들과 공유할 수 있는 방법은 아니다. 오픈하는 기법은 주식 초보자도 얼마든지 실전에 써먹을 수 있는 방법이다.

매수 종목 고르기

일단 거래량이 많아야 한다. 거래량이 많지 않다가 순간 거래량이 폭발하듯 급증하는 종목을 노린다. 종목을 선정하는 방법이 여럿이지만 여기서는 2가지 방법을 소개한다.

❶ 시간외 급등 종목

장 시작 전이나 장 마감 후에 시간외 급등 종목을 확인한다. 시간외 상한가 종목이 주요 타깃이 된다.

참고로, 오후 늦게나 장 시작하기 전에 종목을 추천하는 문자 메시지를 받아 본 경험이 있을 것 같다. 실제로 급등을 해서 놀라기도 했을 것이다. 그 추천 종목들은 대부분 시간외 상한가 종목 중에서 고른 것이다. 그렇게 놀랄 일이 아니다. 문자 메시지를 받고 전화해보거나 실제 리딩을 받아 본 분들의 말로는 연회비가 600만 원 정도라고 하는데 우리도 얼마든지 알 수 있는 정보다. 혹여나 속지 말자.

❷ **거래량 급증 종목**

다른 날보다 거래량이 급증한 종목 중에서 고른다. 증권사마다 HTS에서 '거래량급증' 종목을 순위별로 소개하고 있으니 찾아보면 된다. 전날보다 거래량이 급증한 종목을 실시간으로 보여주는 창을 띄워서 종목을 찾는다.

아래는 그렇게 찾은 종목 가운데 하나다. 일봉 차트 아래 거래량 지표를 보면 빨간색 기둥이 우뚝 솟아 있는 게 보인다(노란색 박스). 거래량이 폭증했다는 얘기다. 이런 종목을 고른다.

❸ 순간 거래량 급증 종목

같은 거래량 급증이라도 순간적으로 거래량이 늘어나는 종목이 따로 있다. 이들 중에서도 고른다.

설정값에 따라 급증한 거래량과 시간을 설정할 수 있는데 위 그림은 1) 1분 전보다 2) 30만 주 이상 거래량이 터진 종목을 급증량 순서로 보여주고 있다. 각자의 필요에 맞게 설정하면 된다. 혹시 더 좋은 기능이 있을지도 모르니 증권사에 문의하여 실시간으로 거래량이 폭증하는 종목을 볼 수 있는 창을 띄워 놓는다.

시간 외 급등 종목처럼 미리 골라두거나 혹은 순간 거래량 급증 종목처럼 실시간 창을 띄워두었다면 초단타 매매 준비를 마친 것이다.

혹시나 해서 다시 강조하면 거래량이 대단히 많은 종목이어야 한다. 일봉 거래량이 최근 거래량들보다 월등히 많은 게 좋다. 아래는 1분봉으로 본 차트인데 거래량 지표에 막대들이 마구 솟아 있는 게 눈에 보일 것이다(노란색 박스). 이런 종목을 고르자.

매매 준비

종목을 클릭하면 일봉과 분봉이 한 눈에 보여야 한다. 아래 그림처럼 일봉과 1분봉 차트를 동시에 볼 수 있게 차트를 배열한다. 그림의 위가 1분봉 차트이고, 아래가 일봉 차트다. 차트는 '멀티차트'다(키움증권 기준).

매수

거래량이 폭발하듯 늘면서 급등을 하는 종목이 나오는지 기다린다. 종목이 포착된다. [신성이엔지]다. 거래량이 장중에 순간적으로 급증하며 급등했다. 노란 선으로 표시한 구간이 매수 자리다. 올랐다가 살짝 내려올 때(=눌릴 때) 노란 선 위에서 매수한다.

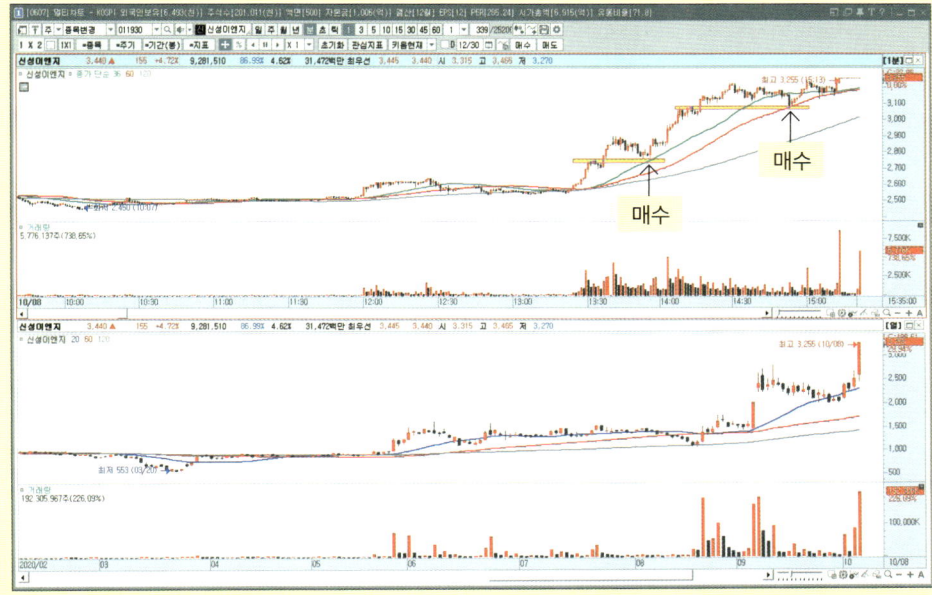

손절

손절 자리도 알고 들어가야 한다. 만일 아래 그림의 노란색으로 표시한 구간까지 내려오면 손절을 하고 나간다.

자세한 설명

1분봉 차트를 보자(초단타 차트 1). 순간 급등이 시작된 후 살짝 눌림을 주고 다시 급등하고 있다. 여기서 말하는 눌림이란 오르다가 잠시 주춤하며 살짝 하락하고는 다시 급등하는 걸 말한다. 눌림에서 매수하는 게 기본 원칙이다. 초단타 차트 1의 1번 파란색 선에서 잡는다. 절대 급등이 나올 때 매수하지 말자. 자해행위와 다름 없다. 만일 계속 급등하고 있다면 조바심 갖지 말고 다시 하락하기를 기다려야 한다. 기다리는 지점은 첫 눌림 때의 고가다(초단타 차트 1의 1번 파란색 선). 그 지점에 매수를 걸어두고 내려오길 기다린다.

[초단타차트 1]

기다리면 초단타 차트 2처럼 또 눌리는 곳이 나오기 마련이다. 그런데 첫 눌림의 고점(1번 파란색 선)까지 안 내리고 반등했다. 이유가 뭘까? 노란색 원으로 표시한 곳이 강한 지지선이기 때문이다.

[초단타 차트 2] 첫 눌림의 고점에 매수를 걸어두고 기다린다. 그러나 이 경우는, 아쉽게도 원하는 가격까지 내려오지 않고 반등이 나왔다.

일단, 매수에 실패하면 포기하는 게 좋다. 너무 쫓아가려고 하면 힘들어진다. 일단 첫 눌림의 고점까지 내려오지 않았지만 매수가 된 것으로 가정하자. 만일 매수가 됐다면 손절 라인은 어디일까? 첫 눌림의 저점이다(초단타 차트 2의 2번 파란색 선). 저점을 이탈하고 내려가면 던진다.

상승 도중 다시 눌림이 나왔다. 마찬가지다. 초단타 차트 3에 그어 놓은 파란색 선을 보자. 눌림의 고점(첫 번째 파란색 선)까지 주가가 내리면 매수하고, 두 번째 파란색 선을 깨뜨리고 내려가면 손절한다.

[초단타 차트 3] 눌림 자리의 위아래에 선을 긋고 윗선 위에서 매수, 아랫선 아래에서 손절

중요한 자리

초단타 차트 4의 파란색 선을 보자. 급등이 시작된 후 첫 눌림이 나온 자리의 고점이다. 이 선은 나중에 강한 지지선이 된다. 이 자리까지 내려오길 기다렸다가 매수하고, 노란 박스 하단, 즉 첫 눌림의 봉우리 하단 밑으로 하락하면 손절한다.

[초단타 차트 4] 1분봉 차트에서 급등이 나온 곳의 첫 눌림은 중요한 자리가 된다.

이 기법이 만능은 아니다. 그러나 잘 응용하면 상한가 치려고 마구 달려가는 놈을 올라타는 위험한 매매를 줄이는 데 도움이 될 것 같다. 물론 이런 차트가 매일 나오는 건 아니다. 그러나 분명 강한 급등 종목에서 발견된다. 도움이 되길 빈다.

맺음말

A는 1,000원에 주식을 사서 1,200원에 팔려고 물량을 내놓았다. 그 물량을 B가 산다. B는 이 물량을 1,500원에 팔려고 내놓았다. 그 물량을 C가 산다. C는 2,000원에 팔려고 내놓았다. 그 물량을 D가 산다. D는……

누군가 주식을 살 때는 '오를 것'이라는 기대감 때문이다. 누군가 주식을 팔 때는 '내릴 것'이라는 예측 때문이다. 그런데 사람마다 주가에 대한 판단이 다르다. 상승이 멈출 것으로 예상되는 가격이 사람마다 달라서 누구는 1,200원이 될 수도 있고, 혹은 3,000원이 될 수도 있다. 이처럼 주식 매매란 나와 생각이 다른 사람들이 주식을 서로 주고받는 과정이다.

아주 드라이하게 매매 과정(주식을 주고받는 과정)을 이렇게 표현할 수 있다. 그런데 A, B, C의 생각이 모두 옳은 건 아니다. 당장 A부터 틀릴 수 있다. 1,000원에 1만 주 샀는데 그게 고점이어서 주르르 흘러내려 900원 밑으로 떨어질 수도 있다. 만일 A가 틀렸다면 B나 C는 아예 쳐다보지도 않을 테고, 또 다른 D가 나타나서 900원이면 충분히 매수할 수 있다고 판단할 수도 있다.

그렇다, 이 과정에는 누군가의 오류가 분명 개입된다. 참여한 사람 가운데 누군가 틀려야 내가 돈을 벌 수 있다.

그런데 그 옳고 그름을 결정하는 사람이 있다. 이 주식의 주가가 어느 가격까지 오를 수 있는지 결정할 수 있는 사람이다. 애널리스트? 아니다. 회사 성과? 그것도 아니다. 다른 누구보다 큰 영향력을 행사하며 주식의 가격을 만들어가는 사람이 있다. 그게 아니라면 주식에는 설명될 수 없는 현상들이 너무 많다. 우리는 그 사람을 '세력'이라고 부른다. 세력은 돈이 많아서 세력이 아니다. 하루 거래대금 100억 종목이 있다면 그 중에 세력의 자금은 반에 반도 안 된다. 그러나 세력에게는 장점이 있다. 90억을 쥐고 있는 100명의 개미들이 서로의 돈을 빼앗기 위해 서로 치고받고 싸우지만 세력은 하나의 계획된 의지를 갖고 게임에 뛰어든다. 수조 속에 수백 마리의 물고기가 살지만 다 소용없다. 한 마리 고래가 활개를 치면 소용돌이가 치고 파도가 출렁인다. 세력의 존재를 인정하는 것, 그리고 세력을 이기기는 거의 불가능에 가깝다는 사실을 아는 것. 이 두 가지가 주식의 대전제다.

    매매보다 중요한 공부의 시간이다. 성투를 빈다.

2021년 1월

미미르